JN100899

教科書ガイド

教育出版版 完全準拠

中学 | 英語

ONE WORLD ③
English Course

新興出版社

CONTENTS

母音			子音		
記号		例	記号		例
iː	イー	eat [íːt イート]	p	プ	pen [pén ペン]
i	イ	big [bíg ビグ]	b	ブ	bed [béd ベド]
e	エ	head [héd ヘド]	t	ト	cat [kǽt キャト]
æ	ア	apple [ǽpl アプル]		トゥ	two [túː トゥー]
ɑ	ア	comic [kámik カミク]	d	ド	door [dɔ́ːr ドー]
ɑː	アー	father [fáːðər ファーザ]		ドゥ, デュ	during [djúəriŋ デュアリング]
ɔː	オー	ball [bɔ́ːl ボール]	k	ク	book [búk ブク]
u	ウ	cook [kúk クク]	g	グ	good [gúd グド]
uː	ウー	food [fúːd フード]	m	ム	mother [mʌ́ðər マザ]
ʌ	ア	much [mʌ́tʃ マチ]		ン	trumpet [trʌ́mpit トランペト]
ə	ア	arrive [əráiv アライヴ]	n	ヌ	night [náit ナイト]
	イ	uniform [júːnəfɔ̀ːrm ユーニフォーム]		ン	Monday [mʌ́ndei マンデイ]
	ウ	often [ɔ́ːfən オフン]	ŋ	ン	think [θíŋk スィンク]
	エ	chocolate [tʃɔ́ːkələt チョークレト]		ング	long [lɔ́ːŋ ロング]
	オ	melon [mélən メロン]	f	フ	family [fǽməli ファミリ]
ər	ア(ー)	teacher [tíːtʃər ティーチャ(ー)]	v	ブ	live [lív リヴ]
əːr	アー	bird [bɔ́ːrd バード]	θ	ス	three [θríː スリー]
ɑːr	アー	park [páːrk パーク]	ð	ズ	brother [brʌ́ðər ブラザ]
ɔːr	オー	morning [mɔ́ːrniŋ モーニング]	s	ス	school [skúːl スクール]
ei	エイ	day [déi デイ]	z	ズ	busy [bízi ビズィ]
ai	アイ	kind [káind カインド]	ts	ツ	let's [léts レツ]
au	アウ	house [háus ハウス]	ʃ	シュ	shop [ʃáp シャプ]
ɔi	オイ	boy [bɔ́i ボイ]	ʒ	ジュ	usually [júːʒuəli ユージュアリ]
ou	オウ	cold [kóuld コウルド]	tʃ	チュ	natural [nǽtʃərəl ナチュラル]
iər	イア(ー)	here [híər ヒア(ー)]	dʒ	ヂ	just [dʒʌ́st ヂャスト]
eər	エア(ー)	where [hwéər ホウェア]	h	ハ	hand [hǽnd ハンド]
uər	ウア(ー)	sure [ʃúər シュア]	l	ル	animal [ǽnəməl アニマル]
			r	ゥル	room [rúːm ゥルーム]
			j	ユ	music [mjúːzik ミューズィク]
			w	ウ	winter [wíntər ウィンタ]

3

本書の構成と使い方

Lesson（Part 1・2・3）

本文と日本語訳

本文は教科書と同じ文を掲載しています。

本文がスムーズに理解できるよう，なるべく自然な日本語で訳してあります。（日本語訳には，わかりやすくするために？や！がついているところもあります。）

解説

語句の使い方や文法を中心に解説しています。既習事項や関連事項にもふれています。

Words & Phrases

発音（カタカナ）・品詞・意味がついています。
本書では品詞を次のように表しています。

名	名詞	代	代名詞
動	動詞	形	形容詞
副	副詞	前	前置詞
接	接続詞	冠	冠詞
助	助動詞	間	間投詞

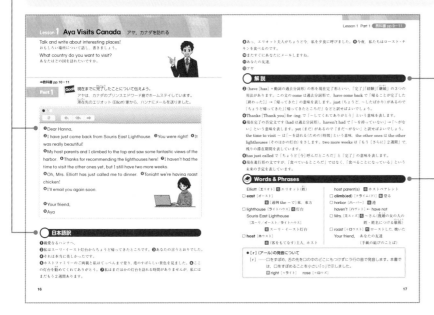

Question

確認問題のヒントと解答例を示しています。

Key Sentence

重要表現の日本語訳と解説を掲載しています。

Tool Kit

解答例と日本語訳，語句を掲載しています。

音のつながり／発音／アクセント

教科書で取り上げられている音声や発音を，カタカナでわかりやすく示しています。

Listen

授業の予習になるアドバイスがついています。

Think & Try!

活動のヒントになる日本語訳がついています。

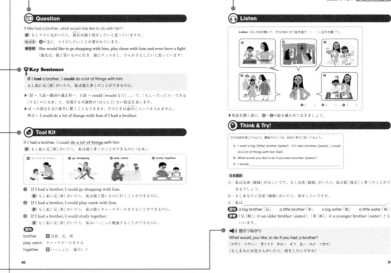

Review / Task / Grammar

Review

日本語訳，解答例，解説を
掲載しています。

Task

活動のヒントになる英語部分の
訳を掲載しています。

Grammar

日本語訳を掲載しています。
教科書の文法解説の理解が
深まります。

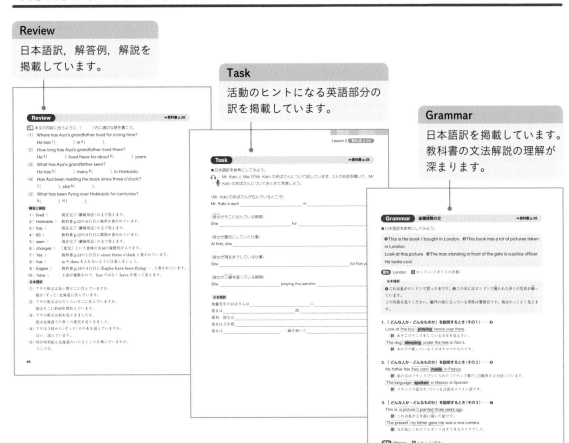

その他のページ

Project

表現活動のヒントになる日本語訳がついています。

Tips

日本語訳や語句を掲載しています。

Useful Expressions

日本語訳を掲載しています。

Reading / Further Reading

日本語訳と解説を掲載しています。
Question にはヒントと解答例がついています。
Comprehension Check には日本語訳と解答例がつ
いています。

Activities Plus（教科書巻末）

日本語訳を掲載しています。

この本で使われている主な記号

▶：重要事項やテストに出そうな事項をまとめています。

＊：補足的な説明を加えています。

(参考)：該当事項の参考例文などを示しています。

写真提供：高知県立図書館　アフロ　ゲッティイメージズ

Review Lesson Part ❶

Washoku, or Japanese Cuisine   「和食」という日本の料理

→教科書 p.4

Goal ２年生で学習した表現を使ってさまざまな情報を理解しよう。
春休みに京都に行った加藤先生が，そのときの体験について授業で話しています。

❶ I visited Kyoto last week. ❷ It's a beautiful place to visit in spring. ❸ If you have a chance to go there, please let me know. ❹ I can recommend where to go in Kyoto. ❺ I know what to see there in each season!

日本語訳

❶私は先週，京都に行きました。❷そこは春に訪れるのによい美しい場所です。❸もしそこに行く機会があれば，どうぞ私に知らせてください。❹私は京都で行くべき場所を勧めることができます。❺私はそれぞれの季節にそこで何を見ればよいか，知っていますよ！

解 説

❷a beautiful place to visit は「訪れるための美しい場所」という意味で，to visit（訪れるための）が前の名詞をうしろから説明しています。このようなはたらきをする〈to ＋ 動詞の原形〉を不定詞の形容詞的用法といいます。to visit は「訪れるべき，訪れるのによい」などと訳すこともできます。訳し方に決まりはないので，自然な日本語になるように工夫しましょう。

❸If 〜 は「もし〜ならば」という意味です。a chance to go も不定詞の形容詞的用法で，「行くための［行くべき］機会」→「行く機会」を表します。there（そこに）は to Kyoto（京都に）をさします。〈let ＋ 人＋動詞の原形〉は「（人）に〜することを許す，（人）に〜させてあげる」を表し，let me know で「私に知らせてください」という意味になります。

❹recommend は「〜を勧める」，where to go は「どこに行くべき［行けばよい］か，行くべき場所」という意味です。加藤先生はクラスのみんなに，「私は where to go in Kyoto（京都のどこに行けばよいか）を勧めることができる」と言っています。

❺what to see は「何を見るべき［見ればよい］か，見る（べき）もの」という意味です。there（そこで）は in Kyoto（京都で）をさします。each は「それぞれの」なので，in each season で「それぞれの季節に，季節ごとに，各季節に」となります。

Words & Phrases

▶ or　　　　　　　　　接 すなわち，言いかえれば

□ cuisine［クウィズィーン］　名 料理(法)

□ chance［チャンス］　名 機会

Tool Kit

I (don't) know **what to buy**.

訳 私は何を買うべきか知っています(知りません)。

| 例 what to buy | ❶ how to play golf | ❷ what to eat for dinner | ❸ how to play *shogi* |

❶　I (don't) know how to play golf.

　　訳 私はゴルフのやり方を知っています(知りません)。

❷　I (don't) know what to eat for dinner.

　　訳 私は夕食に何を食べるべきか知っています(知りません)。

❸　I (don't) know how to play *shogi*.

　　訳 私は将棋のやり方を知っています(知りません)。

▶ I know ～. は「私は～をわかっています」と訳してもかまいません。

▶ how to ～ は「どのように～するか」「～の仕方」という意味です。

▶〈疑問詞 + to + 動詞の原形〉は，間接疑問を使って書きかえられることがあります。

　　例 I know what to buy. = I know what I should buy.

語句

golf　名 ゴルフ

❶This time, I went to a famous Japanese restaurant. ❷I was surprised because a young man from France was working there. ❸His name was Paul, and he told me a lot about Japanese cuisine. ❹I had a wonderful time there.

日本語訳

❶今回，私は有名な日本料理店に行きました。❷フランス出身の一人の若い男性がそこで働いていたので，私は驚きました。❸彼の名前はポールで，彼は私に日本料理について多くのことを話してくれました。❹私はそこですばらしい時間を過ごしました。

解説

❶This time は「今回（は），このたび」という意味です。
参考 next time「次回（は），この次（は）」
Japanese restaurant は「日本のレストラン」ではなく，「日本料理のレストラン」つまり「日本料理店」のことです。

❷I was surprised because 〜 . は「〜なので私は驚いた」という意味で，because 以下が驚いた理由を表しています。a young man from France は「フランスからの［フランス出身の］若い男性」つまり「若いフランス人男性」ということです。there（そこで）は at the restaurant（その料理店で）と言いかえられます。

❸told は tell の過去形です。〈told ＋ 人 ＋ もの・こと〉で「（人）に（もの・こと）を話した」という意味になります。a lot about 〜 は「〜について（の）多くのこと」，cuisine は「料理（法）」の意味です。
参考 すし，てんぷら，すき焼きなどの具体的な料理は Japanese food と呼びますが，2013年にユネスコ無形文化遺産に登録された日本文化としての「和食」は Japanese cuisine といいます。

❹had は have の過去形です。had a wonderful time で「すばらしい時を過ごした」という意味になります。
参考 had a good time（楽しい時を過ごした，楽しく過ごした）

📖 Words & Phrases

Paul［ポール］ 名 ポール（男の人の名）

📖 Question

Why was Mr. Kato surprised?

訳 加藤先生はなぜ驚いたのですか。

ヒント ❷の文の because 以下に，その理由が書かれています。

解答例 Because a young man from France was working there.

（フランス出身の一人の若い男性がそこで働いていたからです）

📦 Tool Kit

Please tell me **when to start the party**.

訳 パーティーをいつ始めたらよいか［始めるべきか］，私に教えてください。

| 例 when to start the party | ❶ where to go | ❷ when to come to your house | ❸ where to visit in Kyoto |

❶ Please tell me where to go.

　　訳 どこに行くべきか，私に教えてください。

❷ Please tell me when to come to your house.

　　訳 いつあなたの家に行くべきか，私に教えてください。

❸ Please tell me where to visit in Kyoto.

　　訳 京都のどこを訪れるべきか，私に教えてください。

▶❶の where to go は「どこに行けばよいか，行く（べき）場所」などと訳すこともできます。❷と❸も同じように考えればよいでしょう。

▶❷の come は「（相手のところに）行く」という意味です。

▶〈where ＋ to ＋ 動詞の原形〉は，間接疑問を使って書きかえることができます。

　例 Please tell me where to go. ＝ Please tell me where I should go.

語句

party 　 名 パーティー

➡教科書 p.6

加藤先生の話の続きです。

❶Paul told me about the five basic tastes in Japanese cuisine. ❷They are sweet, sour, bitter, salty, and umami. ❸Umami was discovered by a Japanese scientist more than one hundred years ago. ❹He named the taste umami. ❺I didn't know that umami is now an English word and known to many chefs around the world.

日本語訳

❶ポールは私に，日本料理における５つの基本の味について話しました。❷それらは甘い，すっぱい，苦い，塩辛い，そしてうまみです。❸うまみは100年以上前に，ある日本人の科学者によって発見されました。❹彼はその味をうまみと名づけました。❺私は，うまみが今では英単語になっていて，世界中の多くのシェフに知られていることを知りませんでした。

解 説

❶the five basic tastes は「５つの基本の味」という意味で，taste は「味」のことです。
　参考 taste は動詞としても使われます。
　　例 This cookie tastes bitter. 「このクッキーは苦い味がします。」
❷They（それら）は the five basic tastes をさします。「５つの基本の味」とは sweet, sour, bitter, salty, umami ですが，前の４つは形容詞で umami だけが名詞です。
　参考 hot（からい）は味ではなく「痛み」に分類されます。
❸「～によって発見された」という受け身の文です。more than one hundred years ago は「100年以上前に」という意味です。more than ～ は厳密には「～以上」ではなく「～より多い」という意味ですが，大きな数をおおざっぱに言うときは「～以上」と訳してもかまいません。
❹named は name（～を…と名づける）の過去形です。〈named ＋ もの＋名前〉で「（もの）を（名前）と名づけた」という意味になります。
❺I didn't know that ～ . は「私は～ということを知らなかった」という意味です。that 以下では２つの文が and で結ばれています。後半の and known to ～ は and（umami is）known to ～（うまみは～に知られている）ということで，受け身になっています。

Words & Phrases

☐ basic［ベイスィク］　　　　　　　形 基本の

☐ **discover(ed)**［ディスカヴァ（ド）］　動 ～を発見する

▶ name(d)　　　　　　　　　　　動 ～を(…と)名づける

☐ known < know［ノウン < ノウ］　動 know((～を)知っている)の過去分詞形

☐ chef(s)［シェフ（ス）］　　　　　名 料理長

Tool Kit

Liz calls <u>her dog</u> Lucky.

訳 リズは彼女のイヌをラッキーと呼んでいます。

		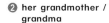	

❶　Liz calls her father dad.

　　訳 リズは彼女の父親をお父さんと呼んでいます。

❷　Liz calls her grandmother grandma.

　　訳 リズは彼女の祖母をおばあちゃんと呼んでいます。

❸　Liz calls her dolls Emma and Meg.

　　訳 リズは彼女の人形をエマ，メグと呼んでいます。

▶〈call ＋ 人・もの ＋～〉で「(人・もの)を～と呼ぶ [呼んでいる]」という意味を表します。

語句

doll(s)［ダル（ダルズ）］　　名 人形

➡教科書 p.7

❶It was so interesting for me to learn about Japanese cuisine from a French person. ❷I want to learn more about food traditions of my own country!

日本語訳

❶日本料理についてフランス人から学ぶことは, 私にはとてもおもしろいことでした。❷私は自分の国の食べものの伝統についてもっと学びたいと思っています！

解 説

❶〈It is ... for ＋ 人 ＋ to ＋ 動詞の原形〜.〉で「〜することは(人)にとって…だ」「(人)が〜することは…だ」という意味を表します。It は「それは」ではなく, うしろの〈to ＋ 動詞の原形〜〉(〜することは)をさします。To learn about Japanese cuisine from a French person was so interesting for me. という文の主語(下線部)が長くてわかりにくいので, それを It was 〜 . の形に言いかえたものです。so は「とても」(＝ very)と強調する語です。from a French person (フランス人から)の French は France (フランス)の形容詞形で,「フランス(人・語)の」を表します。「フランス語」も French といいます。

❷I want to learn more about 〜 . は「私は〜についてもっと(多く)学びたい」, food traditions of my own country は「私自身の国の食べものの伝統」で, ここでは「日本の食の伝統」をさしています。

Words & Phrases

☐ French [フレンチ]　　　　　　　形 フランスの, フランス人の
☐ **tradition(s)** [トラディション(ズ)]　名 伝統
☐ own [オウン]　　　　　　　　　形 自分の

Question

What are the five basic tastes in Japanese cuisine?

訳　日本料理における5つの基本の味は何ですか。

ヒント　教科書 p.6の2〜3行目に書かれています。They are 〜 . という文で答えましょう。

解答例　They are sweet, sour, bitter, salty, and umami.
　　　　(それらは甘い, すっぱい, 苦い, 塩辛い, そしてうまみです)

🔷 Tool Kit

It is **easy** for me to **answer this question**.

訳 この質問に答えることは私には簡単です。

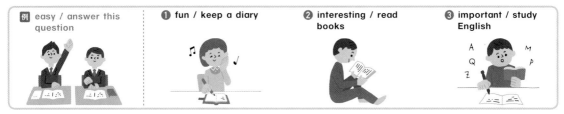

| 例 easy / answer this question | ❶ fun / keep a diary | ❷ interesting / read books | ❸ important / study English |

❶　It is fun for me to keep a diary.

　　訳 日記をつけることは私にはおもしろいです。

❷　It is interesting for me to read books.

　　訳 本を読むことは私にはおもしろいです。

❸　It is important for me to study English.

　　訳 英語を学ぶことは私には大切です。

▶ for me は「私にとって」と訳してもかまいません。

▶ ❶の fun は「楽しさ，おもしろさ」の意味の名詞です。

語句

diary［ダイアリ］　　名 日記

Practice 🖊

■日本語訳を参考にしてみよう。

1.「～の仕方」や「すべきこと」などを述べるとき

Do you know **how to draw** the character?

　訳 あなたはその登場人物の描き方を知っていますか。

I don't know **what to do** next.

　訳 私は次に何をすべきか［次にすべきこと］を知りません。

I don't know **where to buy** the ticket.

　訳 私はどこでチケットを買うべきか［チケットを買う場所］を知りません。

Please tell me **when to come** to your house.

　訳 どうぞ私にいつあなたの家に行くべきか［行けばよいか］を教えてください。

▶〈疑問詞 + to + 動詞の原形〉は，間接疑問を使って書きかえることができます。

　例 I don't know where to buy the ticket. = I don't know where I should buy the ticket.

2.「呼び名は何か」「どんな気持ちになったか」などを述べるとき

People **call** the tower Big Ben. 　訳 人々はその塔をビッグ・ベンと呼んでいます。

Her mother **named** her Margaret. 訳 彼女の母親は彼女をマーガレットと名づけました。

The news **makes** me sad. 　訳 その知らせは私を悲しませます。

3.「～することは難しい・やさしい」などを述べるとき

It was hard for me **to keep** my balance.

　訳 私のバランスを保つことは私には困難でした。

It is easy for me **to solve** math problems.

　訳 数学の問題を解くことは私には簡単です。

▶上の文 = To keep my balance was hard for me.

　　　　 （「私のバランスを保つことは～」長い主語）

▶下の文 = To solve math problems is easy for me.

　　　　 （「数学の問題を解くことは～」長い主語）

語句

Big Ben 　名 ビッグベン（ロンドンのイギリス国会議事堂の時計塔の愛称）

Margaret 　名 マーガレット（女の人の名）

balance 　名 バランス

Practice

Talk and write about interesting places!
おもしろい場所について話し，書きましょう。

What country do you want to visit?
あなたはどの国を訪れたいですか。

➡教科書 pp.10−11

Part 1

 Goal 現在までに完了したことについて伝えよう。

アヤは，カナダのプリンスエドワード島でホームステイしています。
滞在先のエリオット (Elliott) 家から，ハンナにメールを送りました。

---

❶ Dear Hanna,

❷ I have just come back from Souris East Lighthouse. ❸ You were right! ❹ It was really beautiful!

❺ My host parents and I climbed to the top and saw some fantastic views of the harbor. ❻ Thanks for recommending the lighthouses here! ❼ I haven't had the time to visit the other ones yet, but I still have two more weeks.

❽ Oh, Mrs. Elliott has just called me to dinner. ❾ Tonight we're having roast chicken!

❿ I'll email you again soon.

⓫ Your friend,

⓬ Aya

 **日本語訳**

❶ 親愛なるハンナへ，
❷ 私はスーリ・イースト灯台からちょうど帰ってきたところです。❸ あなたの言うとおりでした。
❹ それは本当に美しかったです。
❺ ホストファミリーのご両親と私はてっぺんまで登り，港のすばらしい景色を見ました。❻ ここの灯台を勧めてくれてありがとう。❼ 私はまだほかの灯台を訪れる時間がありませんが，私にはまだもう 2 週間あります。

❽ あっ，エリオット夫人がちょうど今，私を夕食に呼びました。**❾** 今夜，私たちはロースト・チキンを食べるのです。

❿ またすぐにあなたにメールしますね。

⓫ あなたの友達，

⓬ アヤ

解説

❷ 〈have［has］＋動詞の過去分詞形〉の形を現在完了形といい，「完了」「経験」「継続」の3つの用法があります。この文の come は過去分詞形で，have come back で「帰ることが完了した［終わった］」→「帰ってきた」の意味を表します。just（ちょうど，～したばかり）があるので「ちょうど帰ってきた」「帰ってきたところだ」などと訳せばよいでしょう。

❻ Thanks［Thank you］for -ing. で「～してくれてありがとう」という意味を表します。

❼ 現在完了の否定文です（had は過去分詞形）。haven't had で「～を持っていない」→「～がない」という意味を表します。yet（まだ）があるので「まだ～がない」と訳せばよいでしょう。the time to visit ～ は「～を訪れる（ための）時間」という意味，the other ones は the other lighthouses（そのほかの灯台）をさします。two more weeks は「もう［さらに］2週間」で，残りの滞在期間を表しています。

❽ has just called で「ちょうど［今］呼んだところだ」と「完了」の意味を表します。

❾ 現在進行形の文ですが，「食べているところだ」ではなく，「食べることになっている」という未来の予定を表しています。

📖 Words & Phrases

Elliott［エリオット］名 エリオット(姓_{せい})

□ **east**［イースト］
名〔通例 the ～で〕東，東方

□ lighthouse［ライトハウス］名 灯台
Souris East Lighthouse
［スーリ／イースト／ライトハウス］
名 スーリ・イースト灯台

□ **host**［ホウスト］
名 (客をもてなす)主人，ホスト

host parent(s) 名 ホストペアレント

□ **climb(ed)**［クライム(ド)］動 登る

□ harbor［ハーバー］名 港

haven't［ハヴント］← have not

□ Mrs.［ミスィズ］名 ～さん(既婚_{きこん}の女の人の姓・姓名につける敬称_{けいしょう})

□ roast［ゥロウスト］形 ローストした，焼いた
Your friend, あなたの友達
(手紙の結びのことば)

● ［r］(アール)の発音について

［r］……口をすぼめ，舌の先を口の中のどこにもつけずにラ行の音で発音します。本書では，口をすぼめることを小さい「ゥ」で示しました。

例 right［ゥライト］ rose［ゥロウズ］

📖 Question

What did Aya see from the top of the lighthouse?

訳 アヤは灯台のてっぺんから何を見ましたか。

ヒント 見たものは❺の文の後半に書かれています。

解答例 She saw some fantastic views of the harbor.
（彼女は港のすばらしい景色を見ました）

🔑 Key sentence

I **have just finished** my homework.　私はちょうど宿題を終えたところです。

▶「現在完了形」〈have [has] ＋動詞の過去分詞形〉の完了用法です。「過去に始めたことが現在は終わってしまった」ことなどを表します。

▶完了用法の文では，just（ちょうど）や already（すでに）がよく使われます。

📦 Tool Kit

I have already **visited the lighthouse**.

訳 私はもうその灯台を訪れてしまいました。

| 例 visit the lighthouse | ❶ see the garden | ❷ buy souvenirs | ❸ eat lunch at the restaurant |

❶　I have already seen the garden.
　　訳 私はもうその庭を見てしまいました。

❷　I have already bought souvenirs.
　　訳 私はもうおみやげを買ってしまいました。

❸　I have already eaten lunch at the restaurant.
　　訳 私はもうレストランで昼食を食べてしまいました。

語句

already［オールレディ］　副 もう，すでに

seen［スィーン］　動 see（～を見る）の過去分詞形

bought［ボート］　動 buy（～を買う）の過去分詞形

eaten［イートン］　動 eat（～を食べる）の過去分詞形

🎧 Listen

Listen Ms. White が旅行先で知り合った人と話しています。Ms. White がすでにしたことを選び，記号を〇で囲もう。

▶「～し終えた」を表す〈have [has] ＋動詞の過去分詞形〉に注意して，キーワードをメモしながら聞きましょう。

🧠 Think & Try!

ホームステイ前に，Hanna がアヤにどのようなメールを送っていたのか想像して，書いてみよう。

Dear Aya,

_____

_____

_____

Hanna

日本語訳

親愛なるアヤ，

_____

_____

ハンナ

語句

Point Prim Lighthouse　ポイントプリム灯台
West Point Lighthouse　ウェスト・ポイント灯台

🔊 発音

[i:] east [イースト]，each [イーチ]，easy [イーズィ]
　　week [ウィーク]，keep [キープ]，speed [スピード]

Part 2 Goal これまでに経験したことについて伝えたり，たずねたりしよう。
エリオット家のルーシー(Lucy)とアヤが，明日の予定について話しています。

Lucy: ❶ Tomorrow we're going to visit Green Gables!

Aya: ❷ The house of *Anne of Green Gables*, right? ❸ Great!

Lucy: ❹ Oh, have you heard of her?

Aya: ❺ Yes, she is popular in Japan. ❻ The book *Anne of Green Gables* was translated into Japanese. ❼ I've read it in Japanese before, but I want to read it in English someday. ❽ I've also watched the TV series.

Lucy: ❾ Then you'll love Green Gables. ❿ You'll feel like you're stepping into Anne's world!

Aya: ⓫ I can't wait!

日本語訳

ルーシー：❶あした，私たちはグリーン・ゲイブルズを訪れる予定よ！

　アヤ：❷『赤毛のアン』の家ね？ ❸すばらしい！

ルーシー：❹あら，あなたは彼女のことを聞いたことがあるの？

　アヤ：❺ええ，彼女は日本で人気があるわよ。❻『赤毛のアン』という本は日本語に翻訳されたの。❼私は以前にそれを日本語で読んだことがあるけど，いつか英語でそれを読みたいな。❽私，テレビのシリーズも見たことがあるし。

ルーシー：❾それならあなたはグリーン・ゲイブルズをとても気に入るわ。❿あなたはアンの世界に踏み込んでいる感じになるわよ！

　アヤ：⓫私，待ちきれない！

解 説

❶be going to ～ を使った未来の文です。we're は we are の短縮形です。

❹heard は hear の過去分詞形なので，現在完了の疑問文です。have you heard ～? で「～を聞いたことがありますか」と，過去の経験をたずねています。これを現在完了の経験用法といい，「～したことがある」という意味を表します。her は Anne をさしています。

❺Yes は Yes, I have を1語で言ったものです。現在完了の疑問文に対しては，have [has] を使って答えます。

❻受け身の文です。translate into ～ は「～に翻訳する」という意味です。

❼この文の read は過去分詞形で，I've read で「私は読んだことがある」という意味を表します。before（以前に）があるので，「（今）読み終えた」という完了用法ではありません。

❽watched は過去分詞形で，I've watched で「見たことがある」という意味を表します（これも経験用法）。TV series は「連続テレビ番組」のことです。この文は，I've watched the TV series, too. と言いかえられます。

❾Then（それなら）は，「『赤毛のアン』を翻訳で読んで，テレビのシリーズも見たことがあるのなら」ということです。「～を愛するでしょう」→「～がすごく気に入るでしょう」と考えます。

❿You'll は You will の短縮形です。will feel like (that) ～ は「～ように感じるでしょう」という意味です。「～」の部分にあたる you're stepping into Anne's world は「あなたはアンの世界に踏み込んでいる［入り込んでいる］」ということです。

⓫「私は待てない」→「私は（グリーン・ゲイブルズを訪れるのが）待ちきれない」と考えます。

Words & Phrases

Lucy［ルーシー］	名 ルーシー（女の人の名）
Green Gables［グリーン／ゲイブルズ］	名 グリーン・ゲイブルズ
Anne［アン］	名 アン（女の人の名）
Anne of Green Gables	名 『赤毛のアン』（書名）
□ hear of ～	～のことを耳にする
□ translate(d)［トランスレイト（トランスレイティド）］	動 ～を翻訳する
I've［アイヴ］← I have	
▶ read ＜ read［ゥリード ＜ ゥレド］	動 read の過去分詞形［ゥレド］
□ someday［サムデイ］	副 いつか
□ series［スィリーズ］	名 シリーズ
you'll［ユル］← you will	
□ feel like ～	～のように感じる
□ **step(ping)**［ステプ（ステピング）］	動 一歩踏み込む

Question

Has Aya read the book *Anne of Green Gables* in English?

訳　アヤは『赤毛のアン』を英語で読んだことがありますか。

ヒント　❼の文の it は『赤毛のアン』をさすことに注意して答えましょう。

解答例　No, she hasn't.（いいえ，ありません）

🔑 Key Sentences

I **have read** the book **before**.　私は以前，その本を読んだことがあります。

Have you read this book**?**　あなたはこの本を読んだことがありますか。

— Yes, I **have**. / No, I **haven't**.　はい，あります。／いいえ，ありません。

▶現在完了の経験用法です。「現在までに〜したことがある」という意味を表します。

▶現在完了の疑問文は have［has］を主語の前に置いてつくります。答えるときも have［has］を使います。

📖 Tool Kit

I have **read the book** before.

訳 私は以前，その本を読んだことがあります。

例 read the book　❶ see the movie　❷ listen to the song　❸ play the video game

❶ I have seen the movie.

　　訳 私はその映画を見たことがあります。

❷ I have listened to the song.

　　訳 私はその歌を聞いたことがあります。

❸ I have played the video game.

　　訳 私はそのテレビ・ゲームをしたことがあります。

語句

listen to 〜　　〜を聞く

video game　　テレビ・ゲーム（各種のディスプレーに映し出して遊ぶ電子ゲーム）

🎧 Listen

Listen Dan と Kumi の会話を聞いて，Kumi がしたことのあるものには○，したことのないものには×をつけよう。

 Ⓐ
 Ⓑ
 Ⓒ

▶「現在までに～したことがある」という〈経験〉を表す〈have［has］＋動詞の過去分詞形〉と，否定文に注意して聞きましょう。内容をよく理解して，○か×かを判断しましょう。

🧠 Think & Try!

次の会話を演じてみよう。最後のアヤのセリフは，自由に 1～2 文を加えて言ってみよう。

Lucy: Tomorrow we're going to visit Green Gables!

Aya: The house of *Anne of Green Gables*, right? Great!

Lucy: Oh, have you heard of her?

Aya: Yes, she is popular in Japan.

_____ .
_____ .

例 *Anne of Green Gables* was made into an anime.
I love it so much.

日本語訳

ルーシー：あした，私たちはグリーン・ゲイブルズを訪れる予定よ！

アヤ：『赤毛のアン』の家ね？　すばらしい！

ルーシー：あら，あなたは彼女のことを聞いたことがあるの？

アヤ：ええ，彼女は日本で人気があるわよ。

例 『赤毛のアン』はアニメになりました［アニメ化されました］。
私はそれが大好きです。

🔊 音のつながり

Have_you heard_of her?［ハヴユー　ハードヴ　ハー］
（あなたは彼女のことを聞いたことがありますか）

Goal これまでに経験したことについて理解しよう。

アヤは，スチュアート先生 (Ms. Stewart) の料理教室に参加しています。

❶Have you tried seafood chowder here on Prince Edward Island? ❷Oh, you haven't had it yet. ❸OK, today we're going to make some delicious chowder with fresh lobster, clams, and other seafood. ❹I'm sure you'll love it!

❺As you can see, I've already cut up some vegetables and I've put them in my pot of water. ❻Now do the same and let's boil them until they are tender.

日本語訳

❶皆さんはここ，プリンスエドワード島でシーフードチャウダーを食べてみたことがありますか？ ❷あら，まだ食べたことがないのですね。❸わかりました，今日私たちは，新鮮なロブスターとハマグリとそのほかのシーフードを使って，おいしいチャウダーをつくる予定です。❹皆さんはきっと，それがとても気に入りますよ！

❺ご覧のとおり，私はすでに野菜をいくらか切り刻み，それを水の入ったなべに入れました。❻では，同じようにしてください，そしてやわらかくなるまでゆでましょう。

解説

❶現在完了の疑問文です。「〜したことがありますか」という経験用法で，try（〜を試す，試みる）はここでは「食べてみる」ということです。here on Prince Edward Island は「ここ，プリンスエドワード島で」という意味です。

❷you haven't had は「あなたたちは食べたことがない」という経験用法の否定文です。yet（まだ）があるので経験用法だとわかります。

❸be going to 〜（〜する予定［つもり］だ）を使った未来の文です。with 〜 は「〜を使って」という意味です。

❹I'm sure (that) 〜 . は「私は〜だと確信します」→「きっと〜だと思います」ということです。

❺As you can see は「ご覧のとおり」という意味です。このあと，2つの現在完了の文が and で結ばれていることに注意しましょう。I've already cut の cut は過去分詞形です。already（もう，すでに）があるので，「私はすでに切ってしまった」という完了用法だとわかります。cut up ～ は「～を切り刻む」という意味です。and のあとの I've put の put も過去分詞形です。これも「入れてしまった」という完了用法です。pot of water は「水の（入った）なべ」で，前に my がついているのは，スチュワート先生が自宅から持ってきたものだからです。

❻Now は「さて，では，今から」などの意味を表します。do ～ は「～しなさい」と指示・命令する文です。do the same で「（私がしたことと）同じことをしなさい」という意味です。〈until ＋ 主語＋動詞〉は「…が～するまで（ずっと）」を表します。

Notes

現在完了形といっしょによく使われる語

| 否定文 | yet（まだ～していない）〔完了用法〕 |

例 I haven't finished my homework yet.　訳 私はまだ宿題を終えていません。

| 疑問文 | yet（もう～しましたか）〔完了用法〕 |

例 Have you finished your homework yet?　訳 あなたはもう宿題を終えましたか。

| 疑問文 | ever（これまでに～したことがありますか）〔経験用法〕 |

例 Have you ever visited Asakusa?　訳 あなたは今までに浅草を訪れたことがありますか。

🎧 Listen

> **Listen** Sho と Ms. White の会話を聞いて，Ms. White がしたことのあるものには〇，したことのないものには×をつけよう。
>
> Ⓐ 富士山に登る（　　　）　Ⓑ 京都を訪れる（　　　）　Ⓒ お好み焼きを食べる（　　　）
>
> Ⓓ 大阪を訪れる（　　　）　Ⓔ たこ焼きを食べる（　　　）

▶会話を聞く前にⒶ～Ⓔをよく見て，キーワードを予想しておきましょう。否定文にも注意しましょう。

📖 Words & Phrases

Stewart［スチューアート］	名	スチュアート（姓）
□ tried < try［トライド < トライ］	動	try（(～を)試す，試みる）の過去分詞形
□ seafood［スィーフード］	名	シーフード
chowder［チャウダー］	名	チャウダー
Prince Edward Island［プリンス／エドワード／アイランド］	名	プリンスエドワード島
□ lobster［ラブスター］	名	ロブスター
□ clam(s)［クラム(ズ)］	名	ハマグリ，アサリ
□ **already**［オールレディ］	副	もう，すでに
□ cut up ～		～を切り刻む
□ boil［ボイル］	動	～をゆでる
□ tender［テンダ］	形	やわらかい

❶Now add lobster, clams, fish, and scallops. ❷Have you done that? ❸Now let them simmer for five minutes.

❹Five minutes have passed, so add two cups of cream, one cup of milk, and four tablespoons of butter. ❺Next, add some salt and pepper. ❻Now we'll simmer it for another 20 minutes and add parsley just before we serve it.

❼Mmm... ❽Have you ever smelled anything so good?

日本語訳

❶ではロブスターとハマグリと魚とホタテ貝を加えてください。❷もうやりましたか？ ❸ではそれを5分間ぐつぐつ煮ましょう。

❹5分経ったので，クリームを2カップ，牛乳を1カップ，そしてバターをテーブルスプーン4杯分加えてください。❺次に，塩とコショウをいくらか加えてください。❻ではそれをもう20分間ぐつぐつ煮て，（食卓に）出す直前にパセリを加えましょう。

❼うーん…❽今までにこんなおいしそうな匂いをかいだことがありますか？

解 説

❶add ～（～を加えなさい）は指示・命令する文です。

❷現在完了の疑問文で，「～してしまいましたか」という完了用法です。done は finished と言いかえられます。that（そのこと）は，❶でスチュワート先生が指示したことをさします。

❸〈let ＋ もの＋動詞の原形〉で「（もの）を～させる，（もの）が～するのを許す」という意味を表します。simmer は「ぐつぐつ煮る」なので，「煮えているままにしておきなさい」と指示していることになります。

❹現在完了の文で，「5分過ぎた」という完了用法です。この文の add ～ も「～を加えなさい」と指示・命令する文です。cream も milk も butter も数えられない名詞なので，それぞれ two cups of cream（カップ2杯のクリーム），one cup of milk（カップ1杯の牛乳），four tablespoons of butter（テーブルスプーン4杯のバター）と量を表しています。

❻we'll simmer it は「（私たちは）それをぐつぐつ煮ましょう」，for another 20 minutes は「さらに［もう］20分間」，just before ～ は「～するすぐ前［直前］に」，serve は「（食べもの）を出す」という意味です。

❼m の連続音で，「うーん，いい匂い」と，匂いをかいでいる様子を表しています。

❽現在完了の疑問文です。ever（今までに）があるので，「～したことがありますか」という経験用法だとわかります。smell は「～の匂いをかぐ」なので，smell anything so good で「こんなにおいしそうな何かの匂いをかぐ」→「こんなにおいしそうな匂いをかぐ」という意味になります。

📖 Words & Phrases

□ **add** [アド]　　　　　　動 ～を加える

□ scallop(s) [スカロプ(ス)] 名 ホタテ貝

□ simmer [スィマ] 動 ぐつぐつ煮える，煮る

□ **pass(ed)** [パス(ト)] 動 (時間が)経つ

□ cream [クリーム]　　　名 クリーム

□ tablespoon(s) [テイブルスプーン(ズ)]
　　　　　　　　　　名 テーブルスプーン

□ butter [バタ]　　　　　名 バター

□ parsley [パースリ]　　　名 パセリ

□ **serve** [サーヴ] 動 (食事・飲みもの)を出す

　mmm [ンー]　　　　　間 うーん

□ **ever** [エヴァ] 副 これまでに

□ **smell(ed)** [スメル(ド)] 動 ～の匂いをかぐ

📖 Question

Has Aya tried seafood chowder on Prince Edward Island before?

訳 アヤは以前，プリンスエドワード島でシーフードチャウダーを食べてみたことがありますか。

ヒント 教科書 p.14の2行目に Oh, you haven't had it yet. とあり，この you にアヤも含まれます。has を使って答えましょう。

解答例 No, she hasn't. (いいえ，ありません)

🧠 Think & Try!

シーフードチャウダーのレシピ(調理法)を，箇条書きでまとめてみよう。

解答例

1. Cut up some vegetables.　　　訳 野菜をいくらか切り刻む。

2. Put them in the pot of water.　　訳 それを水の入ったなべに入れる。

3. Boil them until they are tender.

　　訳 やわらかくなるまでゆでる。

4. Add lobster, clams, fish, and scallops.

　　訳 ロブスターとハマグリと魚とホタテ貝を加える。

5. Let them simmer for five minutes.

　　訳 5分間ぐつぐつ煮る。

6. Add two cups of cream, one cup of milk, and four tablespoons of butter.

　　訳 クリームを2カップ，牛乳を1カップ，そしてバターをテーブルスプーン4杯分加える。

7. Add some salt and pepper.

　　訳 塩とコショウをいくらか加える。

8. Simmer it for another 20 minutes.　訳 もう20分間ぐつぐつ煮る。

9. Add parsley just before serving.　　訳 (食卓に)出す直前にパセリを加える。

📖 本文の内容に合うように (　　　) 内に適切な語を書こう。

(1) Where has Aya just come back from?

She ¹(　　　　) just come back from Souris East ²(　　　　).

(2) Has Aya had the time to visit the other lighthouses?

³(　　　　), she ⁴(　　　　).

(3) What has Mrs. Elliott just called Aya to?

She ⁵(　　　　) called Aya to ⁶(　　　　).

(4) Who has read *Anne of Green Gables* in Japanese before?

⁷(　　　　) ⁸(　　　　).

(5) What has Aya watched?

She ⁹(　　　　) watched the ¹⁰(　　　　) series of *Anne of Green Gables*.

解答と解説

1 (has)　has を使った現在完了の疑問文には has を使って答えます。**4**, **5**, **8**, **9**の空所も同じです。

2 (Lighthouse)　「灯台」の意味の名詞が入ります。

3 (No)　教科書 p.10の６～７行目を参考にして答えます。

4 (hasn't)　isn't や doesn't を入れないように注意しましょう。

5 (has)　called Aya to ～ は「アヤを～に呼び寄せた」という意味です。

6 (dinner)　「夕食」の意味の名詞が入ります。

7 (Aya)　Who が主語の現在完了の疑問文に対しては〈主語 + have [has].〉で答えます。

8 (has)　主語が３人称単数のときは have ではなく has を使います。

9 (has)　has を使った現在完了の疑問文には has を使って答えます。

10 (TV)　「連続テレビ番組」の意味になるようにします。

日本語訳

(1) アヤはちょうどどどこから帰ってきたところですか。

　　彼女はちょうどスーリ・イースト灯台から帰ってきたところです。

(2) アヤにはほかの灯台を訪れる時間がありましたか。

　　いいえ，ありませんでした。

(3) エリオット夫人はちょうどアヤを何に呼んだところですか。

　　彼女はアヤを夕食に呼んだところです。

(4) だれが『赤毛のアン』を以前，日本語で読んだことがあるのですか。

　　アヤが読んだことがあります。

(5) アヤは何を見たことがありますか。

　　彼女は『赤毛のアン』のテレビのシリーズを見たことがあります。

Task

➡教科書 p.16

■日本語訳を参考にしてみよう。

🎧 ✏️ Kenta と Ms. King が国際電話で話しています。2人の会話を聞いて，Kenta が何を経験し，何をまだ経験していないかなどについて4文でまとめて書こう。

(Kenta が訪れていた場所)

Kenta ＿＿＿＿＿＿＿＿＿＿＿＿＿＿＿ from ＿＿＿＿＿＿＿＿＿＿＿＿＿＿＿＿＿ .

(彼がもうひとつの公園を訪れていない理由)

He ＿＿＿＿＿＿＿＿＿＿＿＿＿＿＿＿＿＿＿＿＿＿＿＿＿＿＿ any other parks.

(彼が Tom Sawyer を知っていた理由)

He ＿＿＿＿＿＿＿＿＿ about Tom Sawyer because ＿＿＿＿＿＿＿＿＿＿ .

(彼は Tom Sawyer を何で見たか)

He ＿＿＿＿＿＿＿＿＿＿＿＿＿＿ but ＿＿＿＿＿＿＿＿＿＿＿＿＿＿＿ .

日本語訳

ケンタは＿＿＿＿＿＿＿＿＿＿＿＿＿から＿＿＿＿＿＿＿＿＿＿＿＿＿＿。

彼はほかのどの公園も＿＿＿＿＿＿＿＿＿＿＿＿＿＿＿＿＿＿＿＿。

彼は＿＿＿＿＿＿＿＿＿なのでトム・ソーヤーについて＿＿＿＿＿＿＿＿＿。

彼は＿＿＿＿＿＿＿＿＿＿＿が，＿＿＿＿＿＿＿＿＿＿＿＿＿＿。

Practice ✏️

A: ❶I have just finished making plans for a trip!

B: Where are you going to go?

A: Hokkaido. ❷Have you ever been to Hokkaido?

B: No. ❸I've never been there before.

語句 been 動 be の過去分詞形

日本語訳
A：❶私はちょうど旅行の計画をつくり終えたところです。
B：あなたはどこに行く予定ですか。
A：北海道です。❷あなたは今までに北海道に行ったことがありますか。
B：いいえ。❸私は以前，一度もそこに行ったことがありません。

1.「〜し終えた」ことを伝えるとき…… ❶〔完了用法〕

I **have** just **finished** my homework.　　　訳 私はちょうど宿題を終えたところです。
　　　　　過去分詞形

Taro **has** already **cleaned** his room.

　　　　　　　　　　　　　　　訳 タロウはすでに彼の部屋を掃除してしまいました。

▶過去を表す語句があるときは過去の文で表します。

　　例 I finished my homework two hours ago.　訳 私は2時間前に宿題を終えました。

2.「〜した経験がある」ことを伝えるとき…… ❸〔経験用法〕

I **have** **seen** a UFO twice.

　　　　　　　　　　訳 私はユーフォー（未確認飛行物体）を2回見たことがあります。

I **have** never **climbed** Mt. Fuji.　訳 私は一度も富士山に登ったことがありません。

▶過去を表す語句があるときは過去の文で表します。

　　例 I saw a UFO yesterday.　　　訳 私は昨日ユーフォー（未確認飛行物体）を見ました。

語句 UFO 名 ユーフォー，未確認飛行物体

3.「〜した経験があるか」を質問するとき…… ❷

Have you ever visited Okinawa?　訳 あなたは今までに沖縄を訪れたことがありますか。

— Yes, I have. / No, I haven't.　訳 はい，あります。／いいえ，ありません。

▶過去を表す語句があるときは過去の文で表します。

　　例 Did you visit Okinawa last year?　訳 あなたは去年，沖縄を訪れましたか。

Useful Expressions

➡教科書 p.19

Asking for Information ▶ 観光案内所での表現

 Goal 目的地までの行き方をたずねよう。

Hanna が，羽田空港の案内所 (information desk) で，目的地までの行き方をたずねています。

❶ Excuse me, **could you tell me how to get to** Yokohama Stadium?

❷ Sure. ❸ From here, take the Keikyu Line to Yokohama.

❹ Got it.

❺ Then change to the JR Negishi Line and get off at Kannai Station.
❻ The stadium is close to the station.

❼ I see. ❽ Thanks!

❾ You're welcome.

日本語訳

❶すみませんが，私に横浜スタジアムへの行き方を教えていただけますか？ ❷もちろんです。❸ここから，横浜行きの京急ラインに乗ってください。❹わかりました。❺それからJR根岸線に乗りかえ，関内駅で降りてください。❻スタジアムは駅の近くにありますよ。❼わかりました。❽ありがとう！ ❾どういたしまして。

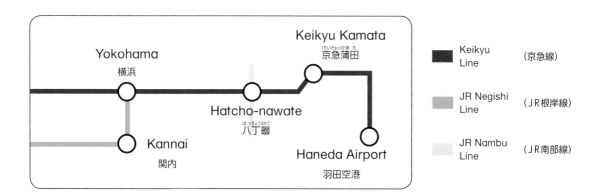

➡教科書 p.19

 Speak

下線部を他の語に置きかえて，言ってみよう。

Could you tell me how to get to Yokohama Stadium**?**

[the City Hall / the library]

例　横浜スタジアム　への行き方を私に教えていただけますか。

［市役所／図書館］

Words & Phrases

information desk ［インフォ**メ**イション／**デ**スク］	案内所
Could you 〜 ?	〜していただけませんか。
line ［**ラ**イン］	名 線
get off	降りる
close ［ク**ロ**ウス］	形 〔…に〕接近した，ごく近い
be close to 〜	〜に近い
airport ［**エ**アポート］	名 空港

Practice

32

Tips ❷ for Writing

→教科書 p.20

 英語で手紙を書こう。

■日本語訳を参考にしてみよう。

アヤがカナダのホストファミリーに感謝の気持ちを伝える手紙を書きました。

6-5-4 Motomachi, Naka-ku
Yokohama, Kanagawa 231-0861
Japan

Sunday, May 23, 2021

Dear Lucy,

How are you doing?

It was so nice of you to show me around Canada.
I really remember when we went to the lighthouse, Green Gables, and
Confederation Bridge. I was surprised that the bridge was so long.
コンフェデレーション橋

I hope you will visit me in Japan in the future.

Best wishes,
ご多幸をいのって,

Aya

Aya

日本語訳

中区元町 6−5−4
なかく もとまち
神奈川県横浜市 231−0861
日本

2021年 5 月23日，日曜日

親愛なるルーシーへ,

お元気ですか。

私にカナダを案内してくれて，どうもありがとう。

私は，私たちが灯台やグリーン・ゲイブルズやコンフェデレーション橋に
行ったとき(のこと)をよく覚えています。私はその橋がとても長いことに
驚きました。
おどろ

あなたが将来，日本にいる私を訪れるといいなと思っています。

ご多幸をいのって,

アヤ

Lesson 2　The Eagles of Hokkaido　北海道のワシ

Write about protecting wildlife in Japan!
日本の野生動物保護について書いてみましょう。

Eagles are in danger because of humans.
人間のせいでワシは危険に直面しています。

□ eagle(s) [イーグル (ズ)]　　名 ワシ

□ wildlife [ワイルドライフ]　　名 野生動物　　　　in danger　　　　危険に直面して

□ **danger** [デインヂャ]　　名 危険　　□ **human(s)** [ヒューマン (ズ)]　名 人間

➡教科書 pp.22−23

Part 1　 現在まで続いていることについて伝えたり，たずねたりしよう。
英語の授業で，動物が直面している環境問題について調べて，発表することになりました。

Bob: ❶ Have you chosen your topic?

Aya: ❷ Yes, I have. ❸ I'm going to talk about eagles in Hokkaido.

Bob: ❹ Eagles in Hokkaido?

Aya: ❺ Yes. ❻ My grandfather has lived in Hokkaido for a long time.

Bob: ❼ How long has he been there?

Aya: ❽ He's been there since he was little. ❾ About 60 years.

Bob: ❿ I see. ⓫ He has seen many changes in Hokkaido
then.

Aya: ⓬ Yes, he has. ⓭ He says eagles are now facing a
lot of dangers because of humans.

日本語訳

ボブ：❶ きみは自分のトピックを (もう) 選んだ？

アヤ：❷ ええ，選んだわよ。❸ 私は北海道のワシについて話すつもりよ。

ボブ：❹ 北海道のワシ？

アヤ：❺ そう。❻ 私の祖父は長い間，北海道に住んでいるの。

ボブ：❼ 彼はそこにどのくらいいるの？

アヤ：❽ 彼は小さいときからそこにいるわ。❾ 60年くらい。

ボブ：❿ そうなんだ。⓫ それでは，彼は北海道での変化をたくさん見てきたんだね。

アヤ：⓬ ええ，そうよ。⓭ ワシは今，人間のせいで多くの危険に直面しているって彼は言ってるわ。

解説

❶chosen は choose（～を選ぶ）の過去分詞形なので，現在完了の疑問文です。「～してしまいましたか」という意味の完了用法です。

❷Yes, I have.（はい，選んでしまいました）ということです。

❸be going to ～（～する予定［つもり］だ）を使った未来の文です。

❻lived は live（住んでいる）の過去分詞形なので，現在完了の文です。ここでは「（過去から今までずっと）住んでいる」という意味を表します。これを現在完了の継続用法といいます。そして，継続期間を表す for a long time（長い間）が使われています。

❼been は be 動詞（～にいる）の過去分詞形なので，現在完了の疑問文です。〈How long + 現在完了の疑問文 ?〉で「どれくらい長く～していますか」という意味を表します（継続用法）。

❽現在完了の疑問文に対しては，現在完了の文で答えます。He's は He has の短縮形で，He's been there で「彼はそこにずっといる」という意味になります。there は in Hokkaido と言いかえられます。since ～ は「～以来（ずっと）」の意味で，継続用法の文でよく使われます。

参考 since I was a child 「私が子どもだったとき以来」
since 2015 「2015年以来」

⓫seen は see（～を見る）の過去分詞形なので，現在完了の文です。「ずっと見てきた」という意味を表します（継続用法）。文末の then（それでは）は文頭に置くこともできます。

⓭「直面している」という現在進行形の文です。facing が face（～に直面する）という動詞の -ing 形であることに注意しましょう。because of ～ は「～のおかげで，～のせいで」ということです。

Words & Phrases

☐ chosen ＜ choose［チョウズン＜チューズ］ 　動 choose（～を選ぶ）の過去分詞形

☐ topic［タピク］ 　名 トピック

☐ been ＜ be［ビン＜ビー］ 　動 be の過去分詞形
he's［ヒーズ，ヒーズ］← he has

☐ since［スィンス］ 　接 ～して以来

☐ seen ＜ see［スィーン＜スィー］ 　動 see（～を見る）の過去分詞形

▶ facing ＜ face 　動 face（～に直面する）の -ing 形

📖 Question

How long has Aya's grandfather lived in Hokkaido?

訳 アヤの祖父はどれくらい北海道に住んでいますか。

ヒント 現在完了の文で答えます。❾の文から「約60年間」だとわかります。

解答例 He has lived there for about 60 years.（彼は約60年間そこに住んでいます）

🔑 Key Sentences

I **have lived** in Yokohama **for** five years.　私は 5 年間，横浜に住んでいます。
How long have you **been** in Yokohama?　あなたはどのくらい横浜にいますか。
— I have been here **since** I was little.　　— 私は小さいとき以来ここにいます。

▶現在完了の継続用法です。過去に始めたことが現在まで続いていることを表します。

▶この形で使える動詞は，live（住んでいる），be 動詞（いる）など状態を表す動詞です。

▶継続用法の文では，for（～の間），since（～以来）がよく使われます。

📦 Tool Kit

My grandfather has **lived in Hokkaido for a long time**.

訳 祖父は長い間，北海道に住んでいます。

| 例 live in Hokkaido / for a long time | ❶ play golf / for 20 years | ❷ have a dog / for five years | ❸ be healthy / since he was born |

healthy　健康な

❶ My grandfather has played golf for 20 years.
　訳 祖父は20年間，ゴルフをしています。

❷ My grandfather has had a dog for five years.
　訳 祖父は 5 年間，イヌを飼っています。

❸ My grandfather has been healthy since he was born.
　訳 祖父は生まれて以来ずっと健康です。

語句 for a long time　　　長い間
　　 healthy［ヘルスィ］形 健康な
　　 was born　　　　　　生まれた

🎧 Listen

Listen Haruto がおじいさんを紹介するスピーチに出てくるものを選び，どのくらい続いているか（　　）内に数字を書こう。

（　　　）years　　　　（　　　）years　　　　（　　　）years

（　　　）years　　　　（　　　）years　　　　（　　　）years

▶英語を聞く前に，絵の違いを確認しておきましょう。キーワードと年数を表す数字に注意して，メモを取りながら聞きましょう。

✳ Think& Try!

アヤになりきって，アヤの祖父を英語で紹介してみよう。次の語句に続けて書き，最後にアヤの考えを想像して自由に 1 文を加えよう。

My grandfather _____

_____

_____

例 I want to know more about eagles.

日本語訳

私の祖父は_____

例　私はワシについてもっと知りたいです。

🔊 発音
[juː] human［ヒューマン], music［ミューズィク], computer［カンピュータ]

37

Part 2 現在まで続き，今も継続している動作について伝えよう。

放課後，アヤは学校に残ってワシについて調べています。

Bob: ❶ You've been reading that book since three o'clock!

Aya: ❷ It's interesting but also scary.

Bob: ❸ Tell me about it.

Aya: ❹ Eagles have been flying over Hokkaido for centuries. ❺ But look at this picture.

Bob: ❻ Oh, no! ❼ So many dead eagles! ❽ What happened?

Aya: ❾ These bullets killed them.

Bob: ❿ Were they used to hunt the eagles?

Aya: ⓫ No. ⓬ Some hunters use lead bullets to shoot deer. ⓭ They don't take the meat around the bullet because lead is poisonous. ⓮ When eagles eat the meat, the lead in the meat kills them.

日本語訳

ボブ：❶きみは3時からずっとその本を読んでいるね！

アヤ：❷おもしろいけど，怖くもあるの。

ボブ：❸それについてぼくに話してよ。

アヤ：❹ワシは何世紀も北海道のいたるところを飛んでいるの。❺でもこの写真を見て。

ボブ：❻なんてことだ！ ❼すごくたくさんのワシが死んでいる！ ❽何が起こったの？

アヤ：❾これらの銃弾が彼らを殺したのよ。

ボブ：❿それらはワシを狩るために使われたの？

アヤ：⓫いいえ。⓬猟師の中にはシカを撃つために鉛の銃弾を使う人たちもいるの。⓭鉛は有毒だから，彼らは銃弾の周りの肉は取らない。⓮ワシがその肉を食べると，肉の中の鉛が彼らを殺すのよ。

解説

❶You've は You have の短縮形です。〈have [has] been -ing〉で「（今まで）ずっと～している［～し続けている］」という動作の継続を表します。この形を現在完了進行形といいます。

参考 状態の継続は現在完了形を使って表します。**例** I have lived in Yokohama for five years.「私は5年間, 横浜に住んでいます。」(live は「住んでいる」という状態を表す動詞)

❷It は The book と言いかえられます。but also ~ は「しかし~でもある」という意味です。

❹have been flying は現在完了進行形で,「(今まで) ずっと飛んでいる」, over Hokkaido は「北海道のいたるところを」, for centuries は「何世紀もの間」という意味です。

❻Oh, no! は, 急に嫌なことが現れたときに使い, いろいろな日本語に訳すことができます。

❼So many ~ は「すごく多くの~」, dead eagles は「死んでいるワシ」という意味です。

❾them は❼の文の eagles をさします。

❿「使われましたか」という受け身の疑問文です。they は these bullets (これらの銃弾)をさします。to hunt ~ は「~を狩るために」と目的を表す不定詞です。

⓬to shoot ~ も「~を撃つために」と目的を表す不定詞です。lead (鉛)の発音は [レド] です。deer (シカ)は複数形も deer なので注意しましょう。

⓭the meat around ~ は「~の周りの肉」, because ~ は「~なので」と理由を表します。

⓮the lead in the meat (肉の中の [に入っている] 鉛)の in は場所・位置を表します。

📖 Words & Phrases

you've [ユーヴ, ユヴ] ← you have

☐ **o'clock** [オクラク]	副 ~時
☐ centuries < **century** [センチュリズ < センチュリ]	名 100年間
☐ bullet(s) [ブレト(ブレッ)]	名 銃弾
☐ **kill(ed)** [キル(ド)]	動 ~を殺す
☐ hunt [ハント]	動 (獲物)を狩る
☐ hunter(s) [ハンタ(ズ)]	名 猟師
☐ lead [レド]	名 形 鉛(の)
☐ deer [ディア]	名 シカ
☐ **meat** [ミート]	名 肉
☐ poisonous [ポイズナス]	形 有毒な

📖 Question

What kills the eagles?

訳 何がワシを殺すのですか。

ヒント ⓮の文を参考にしましょう。What が主語の疑問文に対して, 〈主語 + does.〉の形で答えます。

解答例 The lead in the meat does. (肉の中の鉛が殺します)

🔑 Key Sentence

I **have been reading** this book **since** three o'clock.
私は3時からずっとこの本を読んでいます。

▶ have [has] been -ing で「(今まで) ずっと〜している」という動作の継続を表します。この形を「現在完了進行形」といいます。

▶ 現在完了進行形の文では，for (〜の間)，since (〜以来) がよく使われます。

▶ live (住んでいる) や have (〜を持って [飼って] いる) のような状態を表す動詞の場合は，この形ではなく，〈have [has] ＋動詞の過去分詞形〉(現在完了形) を使って継続を表します。

📦 Tool Kit

You have been **reading that book since three o'clock**.

訳 あなたは3時からずっとその本を読んでいます。

例 read that book / since three o'clock

❶ study English / since four thirty

❷ watch TV / for two hours

❸ play soccer / for five hours

❶ You have been studying English since four thirty.
　 訳 あなたは4時30分からずっと英語を勉強しています。

❷ You have been watching TV for two hours.
　 訳 あなたは2時間ずっとテレビを見ています。

❸ You have been playing soccer for five hours.
　 訳 あなた (たち) は5時間ずっとサッカーをしています。

語句

hour	名 時間，1時間
for two hours	2時間
for one hour	1時間

40

🎧 Listen

Listen Jin と Miyu のテレビ電話での会話を聞いて，それぞれの人物と現在までしていることを線で結ぼう。

Jin　　　　Miyu　　　　Sho

Ⓐ　　　　Ⓑ　　　　Ⓒ

▶ だれについて話しているのかを聞き取りましょう。「（現在まで）ずっと～している」という〈動作の継続〉を表す〈have [has] been + 動詞の -ing 形 ～〉に注意しましょう。

🧠 Think & Try!

本に書かれていたワシの状況について，英語でまとめてみよう。次の語に続けて書き，最後に，そのような状況に対するあなたの考えを，自由に1文加えよう。

Eagles _____

_____

_____

例 I don't want hunters to use lead bullets.

日本語訳

ワシは _____

例　私は猟師たちに鉛の銃弾を使ってほしくありません。

▶ 〈want + 人 + to + 動詞の原形〉は「（人）に～してほしい」という意味です。

🔊 文の区切り

Were they used˅to hunt the eagles?（それらはワシを狩るために使われたのですか）

＊意味で少し区切って発音します。

Part 3

 Goal 現在まで続き，今も継続している動作について理解しよう。
アヤの発表が，クラス新聞に掲載されました。

❶**Wildlife Should Be Returned to the Wild**

❷The veterinarian Saito Keisuke works for the Kushiro Wetland Wildlife Center. ❸He noticed that many eagles died from eating deer meat. ❹The meat was poisoned by lead bullets. ❺He started a movement against them. ❻As a result, in 2004 the use of lead bullets was banned in Hokkaido. ❼The situation has been improving since then.

日本語訳

❶野生動物は野生に戻されるべきです
　❷獣医の斎藤慶輔さんは釧路湿原野生生物保護センターで働いています。❸彼は多くのワシがシカの肉を食べて死ぬことに気づきました。❹その肉は鉛の銃弾によって汚染されました。❺彼はそれらに対して運動を始めました。❻結果として，2004年には，鉛の銃弾の使用が北海道で禁止されました。❼状況はそのとき以来ずっとよくなってきています。

解説

❶should be returned は「戻されるべきだ」という受け身です。主語の Wildlife は「野生動物」，wild は「野生」（生物が自然環境の中で育つこと）という意味です。

❷veterinarian は「獣医」のことで，vet ともいいます。〈work for + 組織・人〉は「～のために働く」という意味です。work at ～（～という場所で働く）と区別しましょう。

❸noticed that ～ は「～ということに気づいた」，died from -ing は「～すること（が原因）で死んだ」→「～して死んだ」という意味です。

❹The meat は deer meat（シカの肉）をさします。「～によって汚染された」という受け身の文です。poison は「～を汚染する」という意味です。

❺against them（それらに対して［対する］）の them は lead bullets（鉛の銃弾）をさします。文全体で，斎藤慶輔さんが鉛の銃弾の使用に対する反対運動を始めたことを表しています。

❻「禁止された」という受け身の文です。As a result は「結果として，その結果」，the use of ～ は「～の使用」という意味です。名詞の use（使用）は [ユース] と発音します。

❼「ずっと向上している［向上し続けている］」という現在完了進行形の文です。improve は「向上する，よくなる」，since then（そのとき以来）は，「鉛の銃弾の使用が北海道で禁止された2004年以来」ということです。

Words & Phrases

□ veterinarian［ヴェテリネアリアン］	名 獣医
□ wetland［ウェトランド］	名 湿地帯
□ **center**［センタ］	名 (施設としての)センター
Kushiro Wetland Wildlife Center	釧路湿原野生生物保護センター
□ die from ～	～で死ぬ
□ poison(ed)［ポイズン(ド)］	動 ～を汚染する
□ **movement**［ムーヴメント］	名 活動
□ **against**［アゲンスト］	前 ～に反対して
□ as a result	結果として
▶ use［ユース］	名 使用
□ ban(ned)［バン(ド)］	動 ～を禁止する
since then	それ以来

Notes

■日本語訳を参考にしてみよう。

例 I have lived in this town for 14 years.

　訳 私はこの町に14年間(ずっと)住んでいます。

例 Kenta has been watching TV since six o'clock.

　訳 ケンタは6時から(ずっと)テレビを見ています。

Listen

Listen　Kana の話を聞いて，どのようなことを何歳からしているか，(　　) に数字を書こう。
Ⓐ 絵を描く　(　　) 歳　Ⓑ ピアノを弾く　(　　) 歳　Ⓒ 英語を勉強する　(　　) 歳

▶英語を聞く前に，Ⓐ〜Ⓒを英語で何と言うか予想しておきましょう。「〜歳」という数字に注意して聞き取りましょう。

❶Eagles face other dangers. ❷Many are killed by trains and windmills. ❸Others die from electric shocks when they try to rest on top of utility poles. ❹The Center has been developing tools to protect birds from the electricity. ❺Some of these tools are already used on utility poles.

❻Dr. Saito also has been working hard to cure birds from their injuries and help them return home. ❼He believes that wildlife should be returned to the wild.

日本語訳

❶ワシはほかの危険に直面しています。❷多くが列車や風車によって殺されます。❸電柱のてっぺんで休もうとするとき，電気ショックで死ぬワシもいます。❹センターは鳥を電気から守るための道具をずっと開発しています。❺これらの道具のいくつかは，すでに電柱に使われています。

❻斎藤博士はまた，鳥のけがを治して生息地に戻るのを手伝うために，ずっと一生懸命に働いています。❼彼は，野生動物は野生に戻されるべきだと信じています。

解 説

❶other dangers (ほかの危険)とは，「鉛の毒によって死ぬ」以外の危険をさします。
❷「～によって殺される」という受け身の文です。Many (多くのもの)は Many eagles (多くのワシ)のことです。
❸Others (そのほかのもの)は Other eagles (ほかのワシ)のことです。Others die from ～ は「ほかに～で死ぬワシもいる」と訳すと，自然な日本語になるでしょう。try to ～ は「～しようと試みる」という意味です。
❹「ずっと開発している [開発し続けている]」という現在完了進行形の文です。develop は「～を開発する」，to protect ～ は「～を守る [保護する]ために」と目的を表す不定詞です。protect ～ from ... で「～を…から守る」の意味を表します。
❺「使われている」という受け身の文です。Some of these tools (これらの道具のいくつか)の these tools は，鳥を電気から守るためにセンターが開発した道具をさします。already は「すでに」，on utility poles は「電柱 (の上)で」という意味です。
❻「ずっと働いている [働き続けている]」という現在完了進行形の文です。cure ～ from [of] ... は「～の…を治す」，〈help ＋ 人など＋動詞の原形〉は「(人など)が～するのを助ける [手伝う]」

という意味です。their も them も「鳥」をさしています。

❼believes that 〜 は「〜ということを信じている」，should be returned は「戻されるべきだ」
という意味の受け身です。

 Words & Phrases

☐ windmill(s)［ウィンドミル（ズ）］ 名 風車
☐ electric［イレクトリク］　　　 形 電気の
☐ **shock(s)**［シャク（ス）］　　　 名 ショック
☐ utility［ユーティリティ］　　　 名 電気（ガス・水道）
☐ pole(s)［ポウル（ズ）］　　　 名 柱
　 utility pole(s)　　　　　　 電柱
☐ develop［ディヴェロプ］　　　 動 〜を開発する
☐ Dr. (= doctor)［ダクタ］　　　 名 医者，博士

 Question

What does Dr. Saito believe about the wildlife?

訳 斎藤博士は野生動物について，何を信じていますか。

ヒント ❼の文の that 以下に答えが書かれています。

解答例 He believes that wildlife should be returned to the wild.
　　　（彼は，野生動物は野生に戻されるべきだと信じています）

Think &Try!

本文を読んだ感想を英語で書いてみよう。

例 I didn't know that eagles are facing dangers.
　 They have lived in Hokkaido for centuries.
　 I hope they can live there without any dangers.

日本語訳

例 私はワシが危険に直面していることを知りませんでした。
　 彼らは何世紀も北海道に住んでいます。
　 私は，彼らがどんな危険もなくそこに住めるといいなと思います。

🔊 アクセント
eléctric［イレクトリク］, ínjury［インヂュリ］, utílity［ユーティリティ］

📖 本文の内容に合うように，（　　　）内に適切な語を書こう。

(1) Where has Aya's grandfather lived for a long time?

He has **1**(　　　　) in **2**(　　　　).

(2) How long has Aya's grandfather lived there?

He **3**(　　　) lived there for about **4**(　　　) years.

(3) What has Aya's grandfather seen?

He has **5**(　　　) many **6**(　　　) in Hokkaido.

(4) Has Aya been reading the book since three o'clock?

7(　　　), she **8**(　　　).

(5) What has been flying over Hokkaido for centuries?

9(　　　) **10**(　　　).

解答と解説

1(lived)　　現在完了（継続用法）の文で答えます。

2(Hokkaido)　教科書 p.22の6行目に場所が書かれています。

3(has)　　　現在完了（継続用法）の文で答えます。

4(60)　　　教科書 p.22の9行目に期間が書かれています。

5(seen)　　現在完了（継続用法）の文で答えます。

6(changes)　「変化」という意味の名詞の複数形が入ります。

7(Yes)　　　教科書 p.24の1行目に since three o'clock と書かれています。

8(has)　　　is や does を入れないように注意しましょう。

9(Eagles)　　教科書 p.24の4行目に Eagles have been flying ～ . と書かれています。

10(have)　　主語が複数なので，has ではなく have を使って答えます。

日本語訳

(1) アヤの祖父は長い間どこに住んでいますか。

　彼は（ずっと）北海道に住んでいます。

(2) アヤの祖父はどのくらいそこに住んでいますか。

　彼はそこに約60年間住んでいます。

(3) アヤの祖父は何を見てきましたか。

　彼は北海道での多くの変化を見てきました。

(4) アヤは3時から（ずっと）その本を読んでいますか。

　はい，読んでいます。

(5) 何が何世紀も北海道のいたるところを飛んでいますか。

　ワシです。

Task

➡教科書 p.28

■日本語訳を参考にしてみよう。

🎧／🎤　Mr. Kato と Mei が Mr. Kato のおばさんについて話しています。2人の会話を聞いて，Mr. Kato のおばさんについてまとめて発表しよう。

(Mr. Kato のおばさんが住んでいるところ)

Mr. Kato's aunt _____ in _____ .

(彼女(かのじょ)がそこに住んでいる期間)

She _____ for _____ .

(彼女が最初にしていた仕事)

At first, she _____ .

(彼女が現在までしている仕事)

She _____ for five years.

(彼女が三線(さんしん)を習っている期間)

She _____ playing the *sanshin* _____ .

日本語訳

加藤先生のおばさんは_____に_____。

彼女は_____間，_____。

最初，彼女は_____。

彼女は5年間，_____。

彼女は_____，三線を弾いて_____。

A: ❶How long have you lived in Japan?

B: ❷I have lived in Japan for 10 years.

日本語訳

A：❶あなたはどのくらい日本に住んでいますか。

B：❷私は10年間，日本に住んでいます。

A: Where is Taro?

B: He is in his room.　❸He has been playing video games since this morning.

日本語訳

A：タロウはどこにいますか。

B：彼は自分の部屋にいます。❸彼はけさからずっとテレビ・ゲームをしています。

1.「ずっと〜している」ことを伝えるとき（現在完了形）……❷〔継続用法〕

I **have lived** in Yokohama for six years.　　訳 私は6年間，横浜に住んでいます。
　　過去分詞形

I **have known** Taro since I was a child.　　訳 私は子どもだったとき以来［子どものとき
　　過去分詞形　　　　　　　　　　　　　　　　　　　から］タロウを知っています。

2.「どのくらい〜していますか」と質問するとき……❶

How long have you lived in Osaka?　　訳 あなたはどのくらい大阪に住んでいますか。

— For 12 years.　　訳 — 12年間です。

3.「ずっと〜している」ことを伝えるとき（現在完了進行形）……❸

Taro **has been sleeping** for more than eight hours.

　　訳 タロウは8時間以上ずっと眠っています。

Ms. King **has been teaching** English in Japan since 2015.

　　訳 キング先生は2015年以来，日本でずっと英語を教えています。

Tips ❸ for Reading

➡教科書 p.30

 物語文をできごとの順序に注意して読もう。

■日本語訳を参考にしてみよう。

There was an old man and he planted a turnip seed. The turnip got very big. The
　　　　　　　　　　　　～を植えた　　カブの種

old man tried to pull it out, but he couldn't. **Then**, he called to his wife for help.
　　　　　　　　引き抜く　　　　　できなかった　　　　　　　　　　　　　妻

His wife pulled at him as he pulled at the turnip, but it still didn't come out.
　　　　　～を引っぱる　～するときに　　　　　　　　　　　　　　　　　現れる

They called to a dog and a cat and **finally** a mouse for help. The mouse pulled
　　　　　　　　　　　　　　　　　　　　　　ネズミ

at the cat. The cat pulled at the dog. The dog pulled at the wife.   The wife pulled

at the old man. And the old man pulled at the turnip. They pulled and they pulled.

At last the turnip came out.
ついに

日本語訳

　あるおじいさんがいて，彼はカブの種を植えました。そのカブはとても大きくなりました。お
じいさんはそれを引き抜こうとしましたが，できませんでした。**そこで**，彼は助けを求めて妻を
呼びました。彼の妻は，彼がカブを引っぱるときに彼を引っぱりましたが，依然としてそれは現
れませんでした。

　彼らは助けを求めてイヌとネコを呼び，**とうとう**ネズミを呼びました。ネズミはネコを引っぱ
りました。ネコはイヌを引っぱりました。イヌは（おじいさんの）妻を引っぱりました。妻はおじ
いさん（夫）を引っぱりました。そしておじいさんはカブを引っぱりました。彼らは何度も引っぱ
りました。**ついに**カブが現れました。

Let's Try!　上の文中のできごとを，正しい順序にならべよう。

Ⓐ　The turnip got so big.　　訳 カブはとても大きくなりました。
Ⓑ　The old man tried to pull out the turnip, but he couldn't.
　　　　　　　　訳 そのおじいさんはカブを引き抜こうとしましたが，できませんでした。
Ⓒ　The turnip came out with the help of a dog, a cat, and a mouse.
　　　　　　　　　　訳 カブはイヌとネコとネズミの助けを借りて現れました。
Ⓓ　An old man planted a turnip seed.　　訳 あるおじいさんがカブの種を植えました。
Ⓔ　He called to his wife, but they couldn't pull it out.
　　　　　　　　　　訳 彼は妻を呼びましたが，彼らはそれを引き抜くことができませんでした。

解答 （ Ⓓ → Ⓐ → Ⓑ → Ⓔ → Ⓒ ）

49

Present news or ads!
ニュースや広告を紹介しましょう。

Do you watch news or ads on the Internet?
あなたはインターネットでニュースや広告を見ますか。

ad(s)［アド（アズ）］　名 広告

→教科書 pp.32－33

Part 1

 人やものについて詳しく伝えよう。

アメリカから発信されているインターネットのニュース動画で，レポーターが報告しています。

❶ We're here in Orlando, Florida, and I'm reporting on the One World Cheerleading Finals. ❷ The team dancing on the stage now is Japan's junior high finalist, the J-Dolphins. ❸ The girl wearing yellow ribbons is the captain, Yuko Okura. ❹ The J-Dolphins won the world championship last year, and they are hoping to win this year, too. ❺ The girl jumping high in the center is the star, Sakura Mori. ❻ Look at her amazing performance! ❼ Her dream is to perform at NBA games.

日本語訳

❶ 私たちはここフロリダのオーランドにいて，ワンワールド・チアリーディング決勝戦を報告しています。❷ 今舞台で踊っているチームは日本の中学校決勝戦出場者のジェイ・ドルフィンズです。❸ 黄色いリボンをつけている少女は，キャプテンのオオクラ・ユウコさんです。❹ ジェイ・ドルフィンズは去年，世界チャンピオンになり，彼女たちは今年も優勝することを望んでい

ます。❺中央で高く跳んでいる少女はスターのモリ・サクラさんです。❻彼女の驚くべき演技を
ご覧ください！　❼彼女の夢はNBA（全米バスケットボール協会）の試合で演技をすることです。

解説

❶and 以下は「報告しています」という現在進行形の文です。report on ～ は「～について報告する」という意味です。

❷主語は The team dancing on the stage now です。dancing（dance の -ing 形）以下が前の名詞 The team をうしろから説明して，「今舞台で踊っているチーム」という意味を表します。このように「～している」を意味する動詞の -ing 形を「現在分詞」といいます。

* 「～すること」を意味する動詞の -ing 形は「動名詞」です。しっかり区別しましょう。

　参考　1語で「～している…」を表すときは，ふつう〈動詞の -ing 形＋名詞〉の語順になります。
　　　　例 Look at that dancing team.「あの踊っているチームを見て。」

❸主語は The girl wearing yellow ribbons です。wearing（wear の -ing 形）以下が前の名詞 The girl をうしろから説明して，「黄色いリボンをつけている少女」という意味を表します。

❹won は win（～に勝つ，～を勝ち取る）の過去形です。won the world championship は「世界選手権に勝った」→「世界チャンピオンになった」ということです。and 以下は「望んでいる」という現在進行形の文です。hope to ～ で「～することを望む」という意味になります。

❺主語は The girl jumping high in the center です。jumping（jump の -ing 形）以下が前の名詞 The girl をうしろから説明して，「中央で高く跳んでいる少女」という意味を表します。

❻「～を見なさい［見てください］」と指示する文です。amazing performance は「驚くべき［見事な］演技」という意味です。この amazing は形容詞です。

Words & phrases

Orlando［オーアランドゥ］	名 オーランド
Florida［フローリダ］	名 フロリダ（アメリカの州）
□ cheerleading［チアリーディング］	名 チアリーディング
□ finalist［ファイナリスト］	名 決勝戦出場者
J-Dolphins［ヂェイダルフィンズ］	名 ジェイ・ドルフィンズ（架空のチーム名）
□ ribbon(s)［ゥリボン(ズ)］	名 リボン
□ captain［キャプティン］	名 キャプテン
□ championship［チャンピオンシプ］	名 選手権

NBA (= National Basketball Association)

［エンビーエイ（ナショナル／バスケットボール／アソウスィエイション）］

　　　　　　　　　　　　　　名 全米バスケットボール協会

What are the members of the J-Dolphins hoping to do?

訳 ジェイ・ドルフィンズのメンバーたちはどうすることを望んでいますか。

ヒント ❹の文の後半に答えが書かれています。they を主語にして書きましょう。

解答例 They are hoping to win this year, too.

（彼女たちは今年も優勝することを望んでいます）

🔑 Key Sentence

The girl **wearing ribbons** is Yuko. 　　リボンをつけている少女はユウコです。

▶〈名詞＋動詞の -ing 形〉で「〜している…」の意味を表します。動詞の -ing 形以下（wearing ribbons）が，「〜している…」と，うしろから前の名詞（The girl）を説明しています。

📦 Tool Kit

Look at the girl **wearing a yellow ribbon**.

訳 黄色いリボンをつけている少女を見なさい [見てごらん]。

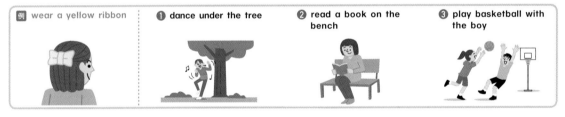

| 例 wear a yellow ribbon | ❶ dance under the tree | ❷ read a book on the bench | ❸ play basketball with the boy |

❶ Look at the girl dancing under the tree.

　　訳 木の下で踊っている少女を見なさい。

❷ Look at the girl reading a book on the bench.

　　訳 ベンチで本を読んでいる少女を見なさい。

❸ Look at the girl playing basketball with the boy.

　　訳 少年とバスケットボールをしている少女を見なさい。

▶ dance のように e で終わる動詞の -ing 形は，e を取って ing をつけます。

🎧 Listen

Listen 英語を聞いて，❶〜❹の人物が絵の中のどの人か，[　　]に番号を書こう。

▶英語を聞く前に，絵の違いを確認しておきましょう。主語とキーワードを聞き取って，それを
もとに❶〜❹の人物を表す絵を選びましょう。

🧠 Think & Try!

レポーターになりきって，実況中継をしてみよう。次の文に続けて，Yuko についての
情報を自由に加えて，言ってみよう。

　I'm reporting on the One World Cheerleading Finals. The team dancing
on the stage now is Japan's junior high finalist, the J-Dolphins. The girl
wearing yellow ribbons is the captain, Yuko Okura.

　例 She has been practicing dancing since she was three years old.

日本語訳

　私はワンワールド・チアリーディング決勝戦を報告しています。今舞台で踊っているチームは
日本の中学校決勝戦出場者のジェイ・ドルフィンズです。黄色いリボンをつけている少女は，
キャプテンのオオクラ・ユウコさんです。

例　彼女は３歳だったときから（ずっと）ダンスを練習しています。

▶例の文の has been practicing は「ずっと練習している」という現在完了進行形です。

Part 2　**Goal**　人やものについて詳(くわ)しく伝えよう。
インターネットのコマーシャル動画です。

❶ You forgot to bring your lunch box to your office today? ❷ No problem! ❸ Sky-Fly will help you. ❹ This is a drone made for people like you! ❺ You can use the service easily. ❻ First, you need a smartphone connected to Sky-Fly. ❼ Just type "home, lunch box" into your smartphone app. ❽ Then, Sky-Fly will pick up your lunch box at home and bring it to you. ❾ Sky-Fly can carry up to 15 kilograms and fly one kilometer per minute. ❿ Now you can get a one-time trial for free. ⓫ Contact us right now!

日本語訳

❶ 今日，お弁当箱をオフィスに持ってくるのを忘れたですって？　❷ 問題ありません！❸ スカイ・フライがあなたを助けてくれるでしょう。❹ これはあなたのような人のためにつくられたドローンです！　❺ あなたはそのサービスを簡単に使うことができます。❻ まず，スカイ・フライに接続されたスマートフォンが必要です。❼ あなたのスマートフォンのアプリに「home, lunch box」とタイプするだけです。❽ そうすれば，スカイ・フライはあなたのお弁当箱を家で取ってきて，それをあなたに持ってくるでしょう。❾ スカイ・フライは15キログラムまで運べて，1分間につき1キロメートル飛ぶことができます。❿ 今なら無料で1回，試すことができますよ。⓫ 今すぐ私たちにご連絡(れんらく)ください！

解 説

❶ たずねているのではなく，「～ですって？」と確かめている文です。forget to ～ は「～することを忘れる」，bring ～ to ... は「～を…に持ってくる」という意味です。

❹ a drone made for ～ は，made 以下が a drone をうしろから説明して，「～のためにつくられたドローン」という意味になります。この made は過去形ではなく過去分詞形です。名詞のあとに過去分詞形を置くと，「～された…，～されている…」という意味を表すことができます。
参考 1語で「～された…，～されている…」を表すときは，ふつう〈動詞の過去分詞形＋名詞〉の語順になります。**例** I love fried chicken.「私はフライド・チキンが大好きです。」（fried は fry の過去分詞形で「油で揚(あ)げられた」の意味）
people like you は「あなたのような人々」で，like は前置詞です。

❻a smartphone connected to 〜 は，connected 以下が a smartphone をうしろから説明して，「〜につながれたスマートフォン」という意味になります。connected は connect（〜をつなぐ）の過去分詞形です。次の❼の文からもわかるように，connect は，アプリをダウンロードしてドローンとスマートフォンをつなぐことを示しています。

❼type 〜 into ... は「〜を…にタイプする［入力する］」という意味です。

❽Then は「そうすれば」，pick up 〜 は「〜を取ってくる［拾い上げる］」という意味です。

❾up to 〜 は「（最高）〜まで」，per minute は「1分間につき」という意味です。

❿get a one-time trial は「1回の試すことを得る」→「1回試せる」と考えます。for free は「無料で」という意味です。〈for ＋ 金額〉は「（金額）で」という意味になります。

⓫right now は「今すぐに」で，right away とほぼ同じ意味です。

📖 Words & Phrases

☐ forgot ＜ **forget**［フォガト ＜ フォゲト］	動 forget（〜を忘れる）の過去形
lunch box	名 弁当箱
☐ No problem.	問題ありません。
Sky-Fly［スカイフライ］	名 スカイ・フライ（商品名，造語）
☐ drone［ドロウン］	名 ドローン
☐ app (= application)［アプ(＝アプリケイション)］	名 アプリ
☐ **pick**［ピク］	動（〜を）つかみ取る
☐ pick up 〜	〜を取ってくる
☐ at home	家で
☐ up to 〜	（最高）〜まで
☐ **kilogram(s)**［キログラム(ズ)］	名 キログラム
one-time［ワンタイム］	形 1回の
☐ trial［トライアル］	名 試すこと
☐ **contact**［カンタクト］	動 〜に連絡する
☐ right now	今すぐに

📖 Question

How many trials can you get for free?

訳 無料で何回，試すことができますか。

ヒント ❿の文を参考にして答えましょう。主語を I または We にして書いてみましょう。

解答例 I［We］can get a one-time trial. ／ I［We］can get one trial.

（私［私たち］は1回試すことができます）

🔑 Key Sentence

My father has a car **made in France**.

私の父はフランスでつくられた［フランス製の］自動車を持っています。

▶〈名詞＋動詞の過去分詞形 ～〉で「～された…, ～されている…」の意味を表します。動詞の過去分詞形以下が,「～された［されている］…」と, うしろから前の名詞を説明しています。

🧊 Tool Kit

This is a cake **sold at a department store**.

訳 これはデパートで売られ (てい) るケーキです。

例 sell / at a department store   ❶ make / by a famous chef   ❷ eat / in Australia   ❸ give / to children

❶ This is a cake made by a famous chef.

訳 これは有名な料理人［コック］によってつくられたケーキです。

❷ This is a cake eaten in Australia.

訳 これはオーストラリアで食べられ (てい) るケーキです。

❸ This is a cake given to children.

訳 これは子どもたちに与えられるケーキです。

語句

department store   デパート・百貨店

children   名 child (子ども) の複数形

 **Listen**

Listen　Kana が Tom に写真を見せながら話しています。話の内容に合うものには〇，合わないものには×をつけよう。

Ⓐ （　　　） Tom は Kana の示したケーキを食べたことがある。

Ⓑ （　　　） そのケーキは有名なシェフによってつくられた。

Ⓒ （　　　） そのケーキは駅の近くのデパートで売られている。

Ⓓ （　　　） Tom の母は，そのケーキよりも駅の近くのホテルで売られている
　　　　　　　ケーキのほうがおいしいと言っていた。

▶「～された」を表す動詞の過去分詞形に注意しましょう。それぞれのセリフで説明されている
ものを正しく聞き取りましょう。

Think & Try!

コマーシャル動画の導入部分を考えてみよう。下線部を自由にかえて言ってみよう。

　You forgot to bring your lunch box to your office today?　No problem!
　Sky-Fly will help you.

　例 You want to give a birthday present to your grandmother, but you
　　 don't have time to take it yourself.

日本語訳

今日，お弁当箱をオフィスに持ってくるのを忘れたですって？　問題ありません！　スカイ・フ
ライがあなたを助けてくれるでしょう。

例　あなたは祖母に誕生日プレゼントをあげたいのですが，それを自分で持って行く時間があり
　　ません。

▶例の文の time to take は「持って行く（ための）時間」という意味で，to take はうしろから前
の名詞 time を説明する不定詞の形容詞的用法です。

🔊 **発音**

[dr] d<u>r</u>one ［ドロウン］，d<u>r</u>eam ［ドリーム］，d<u>r</u>ama ［ドラマ］

Part 3 **Goal** 人やものについて詳しく伝えよう。

インターネットのニュース動画で, レポーターがハワイのパン・パシフィック・フェスティバルについて報告しています。

❶Aloha! ❷I'm Joe Suzuki at the Pan-Pacific Festival in Honolulu, Hawaii. ❸For more than 40 years, this yearly festival has attracted thousands of people. ❹One of its aims is to promote international friendship and understanding through the sharing of cultures.

❺This is a festival anyone can join. ❻This year, there are more than 100 performance groups from various cultures across the Pacific Rim. ❼I interviewed a drum player from Japan. ❽She said that she feels excited to be able to play here.

⬤ 日本語訳

❶アロハ! ❷私はハワイのホノルルでのパン・パシフィック・フェスティバルにいるスズキ・ジョーです。❸40年以上, この年1回のフェスティバルは何千人もの人々を魅了してきました。❹その目的の1つは, 文化を分かち合うことを通じて国際的な友情と理解を促進することです。

❺これはだれでも参加できるフェスティバルです。❻今年は, 環太平洋地域のいろいろな文化からの100を超える演技グループが参加します。❼私は日本からの太鼓奏者にインタビューしました。❽彼女は, ここで演奏することができてわくわくしていると言いました。

⬤ 解 説

❸「(ずっと) ～を魅了してきた」という現在完了 (継続用法) の文です。more than ～ は「～以上」, yearly は「年1回の」, thousands of ～ は「何千もの」という意味です。

❹One of its aims (その目的の1つ) の its は the Pan-Pacific Festival (パン・パシフィック・フェスティバル) をさします。Pan-Pacific は「汎太平洋の」という意味で,「汎」は「そのすべてにわたる」という意味です。to promote ～ は「～を促進すること」という名詞的用法の不定詞です。through the sharing of cultures は「文化を分かち合うことを通じて」という意味で, sharing は「～すること」を表す動名詞です。

❺a festival anyone can join は, anyone can join がうしろから a festival を説明して,「だれでも参加できるフェスティバル」という意味になります。〈名詞＋主語＋動詞〉で「―が～する…(名詞)」という意味になることに注意しましょう。

❻「～がある」→「参加する」という文です。various cultures across the Pacific Rim は「環

太平洋地域にわたるいろいろな文化」で,「環」は「汎」とほぼ同じ意味です。

❼a drum player from Japan は「日本からの太鼓奏者,日本人太鼓奏者」ということです。

❽「彼女は〜だと言った」という文です。feels excited to be able to 〜 は「〜することができてわくわくしている」ということで,〈感情を表す形容詞(excited) + to + 動詞の原形(不定詞)〉で,「〜して…だ」と,その感情が生じた原因・理由を表します。これも不定詞の副詞的用法です。

例 I was surprised to hear the news.「私はその知らせを聞いて驚きました」

Words & Phrases

aloha［アロゥハ］
　　間 アロハ(ハワイで使われるあいさつ)
Joe［ヂョウ］　　名 ジョー(男の人の名)
Pan-Pacific［パンパスィフィク］
　　　　　　　　　形 汎太平洋の
Honolulu［ハノルールー］名 ホノルル
□ Hawaii［ハワイイー］　名 ハワイ
□ yearly［イアリ］　　　形 年1回の
□ attract(ed)［アトラクト(アトラクティド)］
　　　　　　　　　動 〜を魅了する
□ aim(s)［エイム(ズ)］　名 目的
□ promote［プロモウト］　動 〜を促進する
□ international［インタナショナル］
　　　　　　　　　形 国際的な

□ friendship［フレンドシプ］名 友情
□ understanding［アンダスタンディング］
　　　　　　　　　名 理解
□ sharing < share［シェアリング < シェア］
　　　　　　動 share(分かち合う)の動名詞
□ group(s)［グループ(ス)］名 グループ
□ various［ヴェアリアス］形 いろいろな
□ across［アクロース］前 〜にわたって
　Pacific Rim［パスィフィク／リム］
　　　　　　　　　名 環太平洋地域
□ interview(ed)［インタヴュー(ド)］
　　　　　　　動 インタビューをする

Key Sentence

This is the book **my father bought me last Sunday**.
これは,この前の日曜日に父が私に買ってくれた本です。

▶〈名詞+主語+動詞〉で「―が〜する…(名詞)」の意味を表します。

Listen

Listen Kumi が日本の伝統文化について話しています。それぞれの説明を聞いて,(　)に記号を書こう。
❶ おせち料理(　　)　❷ 盆踊り(　　)　❸ ゆかた(　　)　❹ せんす(　　)

▶英語を聞く前に,❶〜❹を英語で何と言うか予想しておきましょう。キーワードを聞き取って,必ずメモを取りましょう。特に「何を話題にしているか」をしっかり聞き取ることが大切です。

❶The Pan-Pacific Parade, the final event of the three-day festival, has just begun. ❷Many performers are marching down Kalakaua Avenue. ❸Look at the colorful costumes they are wearing. ❹Listen to the music they are playing. ❺How exciting! ❻Let's enjoy the *matsuri*! ❼This is Joe Suzuki in Honolulu.

日本語訳

❶3日間の祭りの最後のイベント，パン・パシフィック・パレードがちょうど始まったところです。❷多くの演技者たちがカラカウア通りを行進しています。❸彼らが身につけている色彩豊かな衣装をご覧ください。❹彼らが演奏している音楽をお聞きください。❺なんてわくわくするのでしょう！　❻さあ，「まつり」を楽しみましょう！　❼こちらはホノルルのスズキ・ジョーです。

解 説

❶begun は begin の過去分詞形なので，「ちょうど始まった」という現在完了（完了用法）の文です。コンマではさまれた the final ～ festival は，The Pan-Pacific Parade の補足説明です。

❷「行進している」という現在進行形の文です。

❸the colorful costumes they are wearing は，they are wearing がうしろから the colorful costumes を説明して，「彼らが身につけている色彩豊かな衣装」という意味になります。〈名詞＋主語＋動詞〉で「―が～する…（名詞）」という意味になることを確かめましょう。

❹the music they are playing は，they are playing がうしろから the music を説明して，「彼らが演奏している音楽」という意味になります。

❼レポートの締めくくりのことばです。「スズキ・ジョーがホノルルからお伝えしました」ということです。

📖 Words & Phrases

□ parade［パレイド］　　　名 パレード
□ begun ＜ begin［ビガン ＜ ビギン］　　動 begin（(～を)始める）の過去分詞形
□ performer(s)［パフォーマ(ズ)］　　名 パフォーマー
□ march(ing)［マーチ(ング)］　　動 行進する
□ avenue［アヴェニュー］　　名 大通り
　　Kalakaua Avenue［カーラーカーウァ／アヴェニュー］　　名 カラカウア通り

📖 Question

How many performance groups are there this year?

訳 今年は何組の演技グループがあり［参加し］ますか。

ヒント 教科書 p.36の 6 ～ 7 行目に答えが書かれています。

解答例 There are more than 100 performance groups.

（100を超える演技グループがあり［参加し］ます）

✲ Think & Try!

レポーターになりきって，実況中継をしてみよう。次の文の＿＿＿に自由に 1 文以上を加え，（　　）にあなたの名前を入れて，言ってみよう。

Many performers are marching down Kalakaua Avenue. Look at the colorful costumes they are wearing. Listen to the music they are playing. ＿＿＿＿＿

＿＿＿＿＿＿＿＿＿＿＿＿＿＿＿＿＿＿＿＿＿＿＿＿＿＿＿＿＿＿＿＿

This is (　　　　) in Honolulu.

例 I'm excited, too. I want to join them. / Look at their happy faces.

日本語訳

多くの演技者たちがカラカウア通りを行進しています。彼らが身につけている色彩豊かな衣装をご覧ください。彼らが演奏している音楽をお聞きください。＿＿＿＿＿＿＿＿＿＿＿＿＿

こちらはホノルルの（　　　　）です。

例　私もわくわくしています。私は彼らに加わりたいです。／彼らの幸せそうな［楽しそうな］顔を見てください。

🔊 文の区切り

This is a festival ˅ anyone can join.

（これはだれでも参加できるフェスティバルです）

＊意味の区切りで少し区切って発音します。

📖 本文の内容に合うように, ( ) 内に適切な語を書こう。

Last Sunday I saw some news about the One World Cheerleading Finals. The team ¹( ) on the stage was ²( )'s junior high finalist, the J-Dolphins. The girl ³( ) yellow ribbons was the ⁴( ), Yuko Okura. She was very cute.

After that, I saw a shopping program. Sky-Fly is a drone ⁵( ) for people like us. When we use it, we need a smartphone ⁶( ) to Sky-Fly. It is easy to use it.

At last, I saw some news about a festival anyone can ⁷( ) in Hawaii. The colorful costumes the performers were ⁸( ) were beautiful, and the music they were ⁹( ) was exciting. I want to join it someday.

解答と解説

1 (dancing) 「(舞台で) 踊っている (チーム)」という意味にします。
2 (Japan) 国名が入ります。
3 (wearing) 「(黄色いリボン) を身につけている (少女)」という意味にします。
4 (captain) Yuko Okura はチームの「キャプテン」です。
5 (made) 「(私たちのような人々のために) つくられた (ドローン)」という意味にします。
6 (connected) 「(スカイフライ) につなげられた [接続された] (スマートフォン)」という意味にします。
7 (join) 「(だれでも) 参加する (ことができるフェスティバル)」という意味にします。
8 (wearing) 「(演技者たちが) 身につけて (いた色彩豊かな衣装)」という意味にします。
9 (playing) 「(彼らが) 演奏して (いた音楽)」という意味にします。

日本語訳

　この前の日曜日, 私はワンワールド・チアリーディング決勝戦についてのニュースを見ました。舞台で踊っているチームは日本の中学校決勝戦出場者のジェイ・ドルフィンズでした。黄色いリボンをつけている少女は, キャプテンのオオクラ・ユウコさんでした。彼女はとてもかわいかったです。

　そのあと, 私は買いもの番組を見ました。スカイ・フライは私たちのような人々のためにつくられたドローンです。それを使うとき, 私たちはスカイ・フライに接続されたスマートフォンが必要です。それを使うことは簡単です。

　最後に, 私はハワイでだれでも参加できるフェスティバルについてのニュースを見ました。演技者たちが身につけていた色彩豊かな衣装は美しく, 彼らが演奏していた音楽はわくわくするものでした。私はいつかそれに参加したいです。

語句 program 名 プログラム

Task

➡教科書 p.38

■日本語訳を参考にしてみよう。

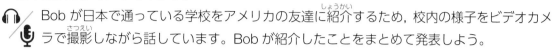 Bob が日本で通っている学校をアメリカの友達に紹介するため，校内の様子をビデオカメラで撮影しながら話しています。Bob が紹介したことをまとめて発表しよう。

(Bob が校内で最初に紹介した部屋)

Bob introduced _____.

(Bob の机の位置)

The desk _____ is Bob's.

(彼が次に紹介した部屋)

He _____.

(そこを使っている生徒の所属クラブ)

_____ were using the room.

(Aya がそこでしていたこと)

Aya _____.

(外で野球をしている生徒の一人)

One of the boys _____ was _____.

日本語訳

ボブは_____を紹介しました。

_____机はボブのです。

彼は_____。

_____はその部屋を使っていました。

アヤは_____。

_____少年の一人は_____でした。

■日本語訳を参考にしてみよう。

❶This is the book I bought in London. ❷This book has a lot of pictures taken in London.

Look at this picture. ❸The man standing in front of the gate is a police officer. He looks cool.

語句 London **名** ロンドン(イギリスの首都)

日本語訳

❶これは私がロンドンで買った本です。❷この本にはロンドンで撮られた多くの写真が載っています。

この写真を見てください。❸門の前に立っている男性は警察官です。彼はかっこよく見えます。

1. 「どんな人か・どんなものか」を説明するとき(その1)…… ❸

Look at the boy **playing** tennis over there.

訳 あそこでテニスをしている少年を見なさい。

The dog **sleeping** under the tree is Taro's.

訳 木の下で眠っているイヌはタロウのものです。

2. 「どんな人か・どんなものか」を説明するとき(その2)…… ❷

My father has two cars **made** in France.

訳 私の父はフランスでつくられた[フランス製の]自動車を2台持っています。

The language **spoken** in Mexico is Spanish.

訳 メキシコで話され(てい)る言語はスペイン語です。

3. 「どんな人か・どんなものか」を説明するとき(その3)…… ❶

This is a picture I painted three years ago.

訳 これは私が3年前に描いた絵です。

The present my father gave me was a nice camera.

訳 父が私にくれたプレゼントはすてきなカメラでした。

語句 Mexico **名** メキシコ(国名)

Project 1

➡教科書 pp.40－41

 Goal　CMをつくって発表しよう！

■日本語訳を参考にしてみよう。

2　グループであったらいいと思う商品やサービスについて話し合い，CMをつくって発表しよう。

（1）　毎日の生活で困っていることを書いてみよう。そして，どのような商品やサービスがあれば解決できるか，考えてみよう。

困っていること	商品／サービスの内容
例 I cannot wake up early in the morning. 訳 私は朝早く起きることができません。	例 The clock makes a big sound like a lion. 訳 その時計はライオンのような大きな音を立てます。

（2）　（1）の中から，どの商品またはサービスでCMをつくるか選んで，次の内容を決めよう。

困っていること	例 I cannot wake up early in the morning. 訳 私は朝早く起きることができません。
商品／サービス名	例 Mr. CLOCK 訳 ミスター・クロック
特徴	例 The alarm sound is like a lion. 訳 目覚まし音はライオンのようです。
値段	例 1,000 yen 訳 1,000円

Audrey Hepburn   オードリー・ヘプバーン

世界的に有名な女優オードリー・ヘプバーンは，晩年 UNICEF の親善大使として，世界の子ども
たちのために力を尽くしました。そこにはどのような思いがあったのでしょうか。

➡教科書 p.42

❶Do you know anything about this person? ❷Have you ever seen *Roman
Holiday* or *My Fair Lady*? ❸She was the star of these movies! ❹Her name was
Audrey Hepburn. ❺She was famous as an actress, but she has left us something
more than these movies.

日本語訳

❶あなたはこの人物について何か知っていますか？　❷あなたは『ローマの休日』や『マイ・
フェア・レディ』を見たことがありますか？　❸彼女はこれらの映画のスターでした！　❹彼女
の名前はオードリー・ヘプバーンでした。❺彼女は女優として有名でしたが，これらの映画以上
のものを私たちに残してくれました。

解説

❶anything は「何か」という意味です。疑問文や否定文では something を使わず，anything
を使います。person は「人，人物」という意味で，男性も女性も表します。複数形は persons
ですが，ふつうは people（人々）を使います。

❷seen は see の過去分詞形なので，「見たことがありますか」と経験をたずねる現在完了（経験
用法）の文です。*Roman Holiday* と *My Fair Lady* がイタリック体になっているのは，映画
のタイトルだからです。Roman は「ローマの」，fair は「魅力的な，見込みのある」という意
味です。

❺be famous as ～ は「～として有名だ」という意味です。actress は「女優」，left は leave（～
を残す）の過去分詞形です。something more than these movies は「これらの映画以上の何
か［もの］」という意味で，more than these movies がうしろから something を説明してい
ます。

📖 Words & Phrases

Audrey Hepburn［オードリ／ヘプバーン］　名 オードリー・ヘプバーン

□ Roman［ゥロウマン］　形 ローマの

　Roman Holiday　名『ローマの休日』（映画の題名）

□ fair［フェア］　形 美しい

　My Fair Lady　名『マイ・フェア・レディ』（映画の題名）

□ actress［アクトレス］　名 女優

□ left ＜ **leave**［レフト＜リーヴ］　動 leave（〜を残す）の過去分詞形

📖 Question

Who was Audrey Hepburn?

訳 オードリー・ヘプバーンとはだれでしたか。

ヒント ❷と❸の文を組み合わせて答えます。❷の文の or は and に変えるとよいでしょう。また、❺の文を参考にして答えることもできます。

解答例 She was the star of *Roman Holiday* and *My Fair Lady*.

（彼女は『ローマの休日』や『マイ・フェア・レディ』のスターでした）／

She was a famous actress.

（彼女は有名な女優でした）

チャレンジ問題① ✐　➡答えは P.71下

問1　次の対話が成り立つように、（　　）内に下のア〜エから正しいものを選び、記号で答えなさい。

　A: We have a lot of English homework this week, don't we?

　B: Yes, but I have already (　　) it.

　　ア　finish　　イ　finished　　ウ　finishes　　エ　finishing　　（　　　）

問2　次の文が成り立つように、（　　）内の語を正しく並べかえて書きなさい。

　⑴　My sister always (keeps / clean / her / room).

　　My sister always ＿＿＿＿＿＿＿＿＿＿＿＿＿＿＿＿＿＿＿＿＿＿＿＿＿＿.

　⑵　My town has a (big / built / last / supermarket) year.

　　My town has a ＿＿＿＿＿＿＿＿＿＿＿＿＿＿＿＿＿＿＿＿ year.

問3　次の対話が成り立つように、（　　）内の語を正しく並べかえて書きなさい。

　A: Who is (badminton / girl / playing / that) in the park?

　B: That's Emi, my classmate.

　　Who is ＿＿＿＿＿＿＿＿＿＿＿＿＿＿＿＿＿＿＿＿＿＿ in the park?

❶Hepburn had a difficult time when she was a child. ❷Although her father was rich, he left the family when she was young. ❸Her mother took Audrey to the Netherlands when she was ten. ❹She thought it was a safe place, but the German army took over the Netherlands when Audrey was eleven. ❺Her dream of becoming a ballerina had to wait.

❻During the war, Hepburn's life was very difficult. ❼After the German army came, their life changed. ❽There was never enough food. ❾There wasn't even enough firewood for the fireplace. ❿Many people died of hunger and the cold, especially young children and old people. ⓫Hepburn also suffered from hunger. ⓬She became very weak. ⓭When there was no food, she even ate tulip bulbs.

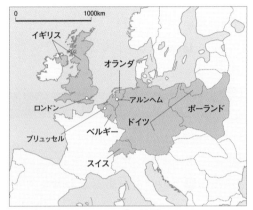

1939年9月のヨーロッパの地図
ヘプバーンは1929年にベルギーのブリュッセルで生まれ，5歳のときにイギリスの寄宿学校に入学した。

日本語訳

❶子どものとき，ヘプバーンはつらい時を過ごしました。❷彼女の父親は裕福でしたが，彼は彼女が若かったとき家族のもとを去りました。❸母親はオードリーが10歳のとき，彼女をオランダにつれて行きました。❹彼女はそこを安全な場所だと思っていましたが，オードリーが11歳のとき，ドイツの軍隊がオランダを占領しました。❺バレリーナになるという彼女の夢は，待たなければなりませんでした。

❻戦争中，ヘプバーンの生活はとてもつらいものでした。❼ドイツの軍隊がやってきてから，生活が変わったのです。❽食べものはまったく足りませんでした。❾暖炉のための薪でさえ十分になかったのです。❿多くの人が，特に幼い子どもと老人が，飢えと寒さのために死にました。⓫ヘプバーンもまた飢えに苦しみました。⓬彼女はとても衰弱しました。⓭食べものがないとき，彼女はチューリップの球根さえ食べました。

解説

❶difficult は，ここでは「つらい，困難な」という意味です。had a difficult time で「つらい時を過ごした」という意味になります。

❷Although 〜 は「〜だけれども」を表します。left は leave の過去形で「〜を去る」という意味です。教科書 p.42の４行目の left とは違う意味で使われています。

❹German は「ドイツの」という形容詞です（「ドイツ」という国名は Germany）。took は take の過去形で，take over 〜 で「〜の支配権を得る」→「〜を占領する」という意味になります。

❺Her dream of becoming a ballerina（バレリーナになるという彼女の夢）では，of が「〜という…」の意味を表しています。had to wait は「（時期が来るまで）待たなければならなかった」ということです。

❻During は「〜の間」という意味の前置詞で，うしろに名詞が続きます。

❽「決して十分な食べものがなかった」→「食べものがまったく足りなかった」と考えます。

❾even は「〜さえ」と強調する語です（❸の even も同じです），enough firewood for 〜 は「〜のための十分な薪」という意味です。

❿died は die（死ぬ）の過去形です。died of 〜 で「〜（が原因）で死んだ」という意味になります。especially young children and old people は，「（多くの人々の中でも）特に幼い子どもと老人が（飢えと寒さのために死んだ）」ということです。

⓫suffered from 〜 で「〜に苦しんだ」という意味になります。

⓬weak は「弱い」という意味です。飢えと寒さで衰弱したことを表しています。

⓭there was no food は，there wasn't any food と言いかえられます。

📖 Words & Phrases

☐ **rich**［ゥリチ］	形 金持ちの，豊かな	
☐ Netherlands［ネザランヅ］		
	名〔the 〜〕オランダ	
☐ **safe**［セイフ］	形 安全な	
☐ German［ヂャーマン］	形 ドイツの	
☐ army［アーミ］	名 軍隊，陸軍	
☐ take over 〜	〜の支配権を得る	
☐ ballerina［バレリーナ］	名 バレリーナ	

☐ firewood［ファイアウド］	名 薪	
☐ fireplace［ファイアプレイス］	名 暖炉	
☐ hunger［ハンガ］	名 飢え	
☐ suffer(ed)［サファ(ド)］	動 苦しむ	
☐ suffer from 〜	〜に苦しむ	
☐ **weak**［ウィーク］	形 弱い	
☐ tulip［テューリプ］	名 チューリップ	
☐ bulb(s)［バルブ(ズ)］	名 球根	

📖 Question

How was Hepburn's life during the war?

訳 戦争中のヘプバーンの生活はどのようでしたか。

ヒント How was 〜 ? は「〜はどのようでしたか」という意味です。❻の文を参考にして答えましょう。

解答例 It was very difficult.（それはとてもつらいものでした）

❶Hepburn's talent started to bloom after the war. ❷She moved to London with her mother, and she practiced ballet and began to study acting. ❸After a while she was discovered by an American director and was cast as a princess in *Roman Holiday*. ❹The movie was a big hit and she received the Academy Award for Best Actress. ❺She was in many movies after that, including *My Fair Lady*. ❻She became one of Hollywood's most popular actresses.

日本語訳

❶ヘプバーンの才能は戦後に開花し始めました。❷彼女は母と共にロンドンに移り，バレエの練習をし，演技を勉強し始めました。❸しばらくして，彼女はあるアメリカ人監督に見出され，『ローマの休日』の王女役を割り当てられました。❹その映画は大ヒットし，彼女はアカデミー主演女優賞を受賞しました。❺彼女はその後，『マイ・フェア・レディ』を含む多くの映画に出演しました。❻彼女はハリウッドで最も人気のある女優の一人になったのです。

解説

❶talent は「才能」，started to ～ は「～し始めた」，bloom は「開花する」→「成果となって現れる」という意味です。

❷moved to ～ は「～へ引っ越した［移転した］」，began は begin「(～を)始める」の過去形で，began to ～ は started to ～ とほぼ同じ意味です。acting は「演じること，演技」の意味です。

❸After a while（しばらくして）のあとに，受け身の文が2つ並んでいます。1つ目は was discovered by ～（～によって見出された），2つ目は was cast as ～（～としての役を割り当てられた）です。cast は過去形も過去分詞形も cast で，つづりは変わりません。

❹a big hit は「大当たり，大ヒット」，received は「～を受け取った」という意味です。

❺was in ～（～の中にいた）は「～に出演した」という意味です。after that（その後）の that は，「『ローマの休日』でアカデミー主演女優賞を受賞したこと」をさします。including ～ は「～を含めて」という意味の前置詞です。

❻most popular は popular（人気のある）の最上級です。〈one of the ＋ 形容詞の最上級＋名詞の複数形〉で，「最も～なうちの1つ［一人］」という意味を表します。ここでは the の代わりに Hollywood's（ハリウッドの）が使われています。

📘 Words & Phrases

☐ bloom［ブルーム］	動 開花する
☐ London［ランドン］	名 ロンドン
☐ ballet［バレイ］	名 バレエ
☐ acting［アクティング］	名 演技
☐ after a while	しばらくして
☐ discover(ed)［ディスカヴァ(ド)］	動 〜の才能を見出す
☐ director［ディレクタ］	名 ディレクター，監督
☐ cast < cast［キャスト < キャスト］	動 cast（〜に役を割り当てる）の過去分詞形
☐ princess［プリンシス］	名 王女
☐ **hit**［ヒト］	名（作品などの）ヒット，当たり
☐ **receive(d)**［ゥリスィーヴ(ド)］	動 〜を受け取る
Academy Award［アキャデミ／アウォード］	名〔the をつけて〕アカデミー賞
Academy Award for Best Actress	アカデミー主演女優賞
☐ including［インクルーディング］	前 〜を含めて
☐ Hollywood［ハリウド］	名 ハリウッド

📖 Question

How did Hepburn become a famous actress?

訳 ヘプバーンはどのようにして有名な女優になりましたか。

ヒント いろいろな答え方ができます。ここでは2つの例を示しておきましょう。

解答例 She became a famous actress by receiving the Academy Award for Best Actress.
（彼女はアカデミー主演女優賞を受賞したことによって有名な女優になりました）／
She was discovered by an American director and was cast as a princess in *Roman Holiday*. The movie was a big hit and she became a famous actress.
（彼女はあるアメリカ人監督に見出され，『ローマの休日』の王女役を割り当てられました。その映画は大ヒットし，彼女は有名な女優になりました）

〔チャレンジ問題①の答え〕
問1 イ　　問2 (1) keeps her room clean　　(2) big supermarket built last
問3 that girl playing badminton

➡教科書 p.45

❶Hepburn thought spending time with her family was very important. ❷After she married, she bought a house in Switzerland. ❸She always felt safe there because she didn't have to worry about war. ❹She spent as much time as she could with her two sons. ❺She wanted to be with them when they needed her.

❻Because of her war experience as a child, Hepburn wanted to protect children in countries at war. ❼She felt that working for children was her mission. ❽After her sons grew up, she started to work with UNICEF in 1988. ❾She visited children suffering from war and hunger in many countries. ❿Because she received food and medicine from UNICEF after World War II, she knew what UNICEF meant to children.

ヘプバーンが訪れた国々(1988～1992年)
※国名は当時

日本語訳

❶ヘプバーンは,家族といっしょに時間を過ごすことがとても大切だと考えていました。❷結婚したあと,彼女はスイスに家を購入しました。❸彼女はそこではいつも安らかな気持ちでした。なぜなら彼女は戦争の心配をする必要がなかったからです。❹彼女はできるだけ多くの時間を自分の2人の息子たちと過ごしました。❺彼らが彼女を必要とするとき,彼らといっしょにいたかったのです。

❻子どものときの戦争体験のせいで,ヘプバーンは戦争中の国々にいる子どもたちを守りたいと思いました。❼彼女は子どもたちのために働くことは自分の使命だと感じました。❽息子たちが大人になったあと,彼女は1988年にユニセフと共に働き始めました。❾彼女は多くの国で戦争や飢えに苦しんでいる子どもたちを訪ねました。❿第二次世界大戦後にユニセフから食糧や薬を受け取ったので,彼女はユニセフが子どもたちに対してどんな意味を持つか,知っていたのです。

解説

❶thought は think の過去形で,Hepburn thought (that) ～ . で「ヘプバーンは～だと考えた」という意味を表します。「～」の部分の主語は spending time with her family(家族といっしょに時間を過ごすこと)で,spending は「～すること」を表す動名詞です。

❸felt は feel ((～を)感じる)の過去形です。felt safe で「安全だと感じた,安らかな気持ちだっ

た」という意味を表します。there は in Switzerland (スイスで) をさします。didn't have to ～ は「～する必要がなかった」，worry about ～ は「～のことを心配する」という意味です。

❹spent は spend (～を過ごす) の過去形です。spent ～ with ... で「…といっしょに～を過ごした」という意味になります。as ～ as she could は「(彼女が) できるだけ～」を表し，as much time as she could で「できるだけ多くの時間」という意味になります。

❺wanted to be with ～ は「～といっしょにいたかった」という意味です。them と they は her two sons (彼女の2人の息子たち) をさします。

❻Because of ～ は「～のおかげで，～のせいで」という意味です。(war experience) as a child は「子どもとしての (戦争体験)」→「子どもだったときの (戦争体験)」と考えます。children in countries at war は「戦争中の国々にいる子どもたち」という意味です。

❼「彼女は～だと感じた」という文です。that のあとの主語は working for children (子どもたちのために働くこと) で，working は「～すること」を表す動名詞です。

❽grew は grow の過去形です。grew up で「大人になった，成長した」という意味になります。UNICEF は「ユニセフ，国連児童基金」のことで，設立時の United Nations International Children's Emergency Fund の頭文字をとったものです (現在は United Nations Children's Fund となりましたが，略称は変わっていません)。

❾children suffering from war and hunger では，suffering (苦しんでいる) 以下が，前の名詞 children をうしろから説明しています。「戦争や飢えに苦しんでいる子どもたち」という意味になります。

❿medicine は「薬」のことです。what UNICEF meant to children は間接疑問 (文中に含まれた疑問文) で，meant は mean (～を意味する) の過去形です。「ユニセフが子どもたちに対して何を意味するか」とは，「子どもたちに対するユニセフの重要性」ということです。

📖 Words & Phrases

□ spend time with ～	～と時間を過ごす
□ married < **marry** [マリド<マリ]	動 marry (結婚する) の過去形
□ Switzerland [スウィッツァランド]	名 スイス
□ **could** < can [クド<キャン]	助 can の過去形
□ **son(s)** [サン(ズ)]	名 息子
□ at war	戦争中の
□ mission [ミション]	名 使命，天命
□ grew < grow [グルー<グロウ]	動 grow (成長する) の過去形
□ grow up	大人になる
□ UNICEF [ユーニセフ]	名 ユニセフ，国連児童基金
□ **medicine** [メディスィン]	名 薬
□ meant < mean [メント<ミーン]	動 mean (～を意味する) の過去形

Why did Hepburn start to work with UNICEF?

訳 ヘプバーンはなぜユニセフと共に働き始めたのですか。

ヒント ❻か❼の文を参考にして答えましょう。

解答例 Because she wanted to protect children in countries at war.
（彼女は戦争中の国々にいる子どもたちを守りたいと思ったからです）／
Because she felt that working for children was her mission.
（彼女は子どもたちのために働くことは自分の使命だと感じたからです）

➡教科書 p.46

❶Hepburn was always giving. ❷"Giving is like living," she said in an interview. ❸She also said that if you stop wanting to give, there is no more meaning in life. ❹She always wanted to give hope to children.

❺Audrey Hepburn died of cancer in 1993, four months after her visit to Somalia. ❻She made a deep impression on people. ❼This is not just because of her movies, but also because of her devotion to children all over the world.

⭕ **日本語訳**

❶ヘプバーンはいつも与えていました。❷「与えることは生きることのようなものです」と，彼女はあるインタビューで言いました。❸彼女はまた，もし与えたいと思うことを止めたら，人生にもはや意味はないとも述べています。❹彼女はいつも子どもたちに希望を与えたいと思っていました。

❺1993年，ソマリアへの訪問の４か月後に，オードリー・ヘプバーンはがんで亡くなりました。❻彼女は人々に深い感銘を与えました。❼これは，彼女の映画のためだけでなく，世界中の子どもたちに対する彼女の献身的な愛情のためでもあります。

⭕ **解 説**

❶「～していた」という過去進行形の文です。give は「与える」ですが，ここでは「奉仕する」ことをさしています。

❷動名詞の living は「生きること」です。この文は，「奉仕することは生きることと同じだ」と訳すこともできます。次の❸の文で，この内容をわかりやすく説明しています。

❸if（もし〜なら）以下が，彼女が言った内容です。if 〜 では未来のことでも現在形で表すことに注意しましょう。stop -ing は「〜することを止める」，no more 〜 は「もはや〜ない」，meaning は「意味」なので，there is no more meaning in life で，「人生にもはや意味はない」という意味になります。

❹〈give + もの + to + 人〉で「（人）に（もの）を与える」という意味を表します。

❺died of 〜 は「〜（病気が原因で）死んだ」ということです。four months after her visit to Somalia は「ソマリアへの（彼女の）訪問の4か月後に」という意味で，1993年という年がどんな年だったかを補足説明しています。

❻made a deep impression on 〜 は「〜に深い感銘を与えた」という意味です。

❼This（このこと）は，❻の文の内容，つまり「彼女が人々に深い感銘を与えたこと」をさします。not just 〜 but also ... は「〜だけでなく…もまた」という意味で，この「〜」の部分に because of her movies（彼女の［彼女が出演した］映画のため）という理由，「... 」の部分に because of her devotion to children all over the world（世界中の子どもたちに対する彼女の献身的な愛情のため）という理由が入っています。ヘプバーンはこの2つの理由で，人々に深い感銘を与えたというわけです。

Words & phrases

□ cancer［**キャ**ンサ］　　　　　　名 がん
□ Somalia［ソ**マー**リア］　　　　　名 ソマリア（国名）
□ **deep**［ディープ］　　　　　　　形 深い
□ impression［インプ**レ**ション］　名 感銘
□ make a deep impression on 〜　〜に深い感銘を与える
□ not just 〜 but also ...　　　　〜だけでなく…もまた
□ devotion［ディ**ヴォ**ウション］　名 献身的な愛情

Question

What did she want to give to children?

訳　彼女は子どもたちに何を与えたいと思っていましたか。

ヒント　❹の文を参考にしましょう。

解答例　She wanted to give hope to children.
　　　　（彼女は子どもたちに希望を与えたいと思っていました）

➡教科書 p.46

Comprehension Check

① 次の文を，本文で述べられた順に並べよう。

1. Hepburn spent much time with her sons after she married.
2. The German army took over the Netherlands and Hepburn's life became difficult.
3. Do you know Audrey Hepburn? She was the famous actress in movies like *Roman Holiday*.
4. Hepburn started to work with UNICEF to help children suffering from war and hunger.
5. Hepburn received an Academy Award and she became one of the most popular actresses in Hollywood.

(   ) → (   ) → (   ) → (   ) → (   )

日本語訳

1. 結婚したあと，ヘプバーンは息子たちといっしょに多くの時間を過ごしました。
   ➡教科書 p.45，2〜5行目
2. ドイツの軍隊がオランダを占領し，ヘプバーンの生活は困難になりました。
   ➡教科書 p.43，8〜9行目
3. あなたはオードリー・ヘプバーンを知っていますか。彼女は『ローマの休日』のような映画に出演した有名な女優でした。
   ➡教科書 p.42，1〜4行目
4. ヘプバーンは戦争や飢えに苦しんでいる子どもたちを助けるために，ユニセフと共に働き始めました。
   ➡教科書 p.45，8〜11行目
5. ヘプバーンはアカデミー賞を受賞し，ハリウッドで最も人気のある女優の一人になりました。
   ➡教科書 p.44，5〜8行目

解答 3 → 2 → 5 → 1 → 4

② 上の文を参考にして，Hepburn の人生を紹介してみよう。

解答例

Do you know Audrey Hepburn? She was the famous actress in movies like *Roman Holiday*. Her mother took her to the Netherlands when she was ten.

She thought it was a safe place, but the German army took over the Netherlands and her life became difficult.

Hepburn's talent started to bloom after the war. She moved to London with her mother, and she practiced ballet and began to study acting.

After a while, she was discovered by an American director and was cast as a princess in

Roman Holiday.

The movie was a big hit. She received an Academy Award for Best Actress and she became one of the most popular actresses in Hollywood.

After she married, she bought a house in Switzerland. She spent much time with her sons there.

After her sons grew up, she started to work with UNICEF to help children suffering from war and hunger.

Hepburn made a deep impression on people. This is not just because of her movies, but also because of her devotion to children all over the world.

日本語訳

あなたはオードリー・ヘプバーンを知っていますか。彼女は『ローマの休日』のような映画に出演した有名な女優でした。

彼女の母親は，彼女が10歳のとき，彼女をオランダにつれて行きました。

彼女はそこを安全な場所だと思っていましたが，ドイツの軍隊がオランダを占領し，ヘプバーンの生活は困難になりました。

ヘプバーンの才能は戦後に開花し始めました。彼女は母親と共にロンドンに移り，バレエを練習し，演技を勉強し始めました。

しばらくして，彼女はあるアメリカ人監督に見出され，『ローマの休日』の王女役を割り当てられました。

その映画は大ヒットしました。彼女はアカデミー主演女優賞を受賞し，ハリウッドで最も人気のある女優の一人になりました。

結婚後，彼女はスイスに家を購入しました。彼女はそこで多くの時間を息子たちといっしょに過ごしました。

息子たちが大人になったあと，彼女は戦争や飢えに苦しんでいる子どもたちを助けるために，ユニセフと共に働き始めました。

ヘプバーンは人々に深い感銘を与えました。これは，彼女の映画のためだけでなく，世界中の子どもたちに対する彼女の献身的な愛情のためでもあります。

Write about people in the field of sports!
スポーツ界の人々について書きましょう。

Who is your favorite person in the field of sports?
スポーツ界であなたのお気に入りの人はだれですか。

- ☐ legend(s) ［レジェンド（レジェンズ）］ 名 偉人，伝説的な人物
- ☐ field ［フィールド］ 名 分野

➡教科書 pp.48−49

Part 1 Goal 人について詳しく伝えよう。

ケンタとキング先生が，オリンピック選手について話しています。

Kenta: ❶ This is Japan's first Olympic champion, Oda Mikio.

Ms. King: ❷ I haven't heard of him.

Kenta: ❸ He was the track and field athlete who won a gold medal in 1928.

Ms. King: ❹ What event did he win?

Kenta: ❺ He won the triple jump. ❻ At the time, the event was called "Hop, step, and jump." ❼ He felt it was too long. ❽ So, he began to call it *sandantobi*.

Ms. King: ❾ Interesting!

Kenta: ❿ He was called the "Father of Japanese track and field."

Ms. King: ⓫ I learned at school about an athlete who was called the "Golden Girl." ⓬ Her name is Betty Cuthbert. ⓭ She won four gold medals at Olympics.

⬤ 日本語訳

ケンタ：❶この人は日本で最初のオリンピック優勝者，織田幹雄さんです。

キング先生：❷私は彼のことを聞いたことがありません。

ケンタ：❸彼は1928年に金メダルを獲得した陸上競技選手でした。

キング先生：❹彼はどんな競技に勝ったのですか？

ケンタ：❺彼は三段跳びに勝ちました。❻そのとき，その競技は「ホップ・ステップ・ジャンプ」と呼ばれていました。❼彼はそれを長すぎると感じました。❽それで，彼はそれを「三段跳び」と呼び始めました。

キング先生：❾おもしろい！

ケンタ：❿彼は「日本陸上界の父」と呼ばれました。

キング先生：❶私は学校で，「ゴールデン・ガール」と呼ばれた運動選手について学びましたよ。❷彼女の名前はベティ・カスバート。❸彼女はオリンピックで4つの金メダルを獲得しました。

解説

❷ haven't は have not の短縮形，heard は hear の過去分詞形です。haven't heard で「（今までに）聞いたことがない」という否定の現在完了（経験用法）になります。

❸ the track and field athlete who ～ では，who 以下がうしろからどんな陸上選手かを説明しています。この who は「だれが」ではなく，〈人 + who + 動詞～〉で「～する（人）」の意味を表します。この who を「関係代名詞」といい，人を表す名詞を説明するときに使います。

He was the track and field athlete（彼は陸上競技選手でした）

who won a gold medal in 1928.
（その陸上競技選手は1928年に金メダルを獲得しました）

❹ win には「（競技など）に勝つ」の意味もあります。過去形は won です（→❸）。

❻「～と呼ばれていた」という受け身の文です。At the time は「そのとき」という意味です。

❼ He felt (that) ～ . で「彼は～と感じた」という意味です。it は "Hop, step, and jump" という呼び方をさします。too ～ は「あまりにも～，～すぎる」という意味です。

❽〈call + もの・人 +～〉で「（もの・人）を～と呼ぶ」の意味を表します。

❿「～と呼ばれた」という受け身の文です。

⓫ an athlete who ～ では，関係代名詞 who 以下が，うしろからどんな運動選手かを説明しています。an athlete who was called ～ で「～と呼ばれ（てい）た運動選手」の意味になります。

Words & Phrases

□ champion［チャンピオン］　　　名 優勝者
□ athlete［アスリート］　　　　　名 運動選手
□ gold［ゴウルド］　　　　　　　形 金の
□ medal［メドル］　　　　　　　名 メダル
□ triple［トリプル］　　　　　　形 三連続の
　　triple jump　　　　　　　　名 三段跳び
□ hop［ハプ］　　　　　　　　　動 軽く飛ぶ
　　Betty Cuthbert［ベティ／カスバート］名 ベティ・カスバート（人名）

79

What was Oda Mikio called?

訳 織田幹雄は何と呼ばれましたか。

ヒント ❿の文に答えが書かれています。受け身の文で書きましょう。

解答例 He was called the "Father of Japanese track and field."

（彼は「日本陸上界の父」と呼ばれました）

🔑 Key Sentence

Oda Mikio was an athlete **who** won a gold medal.
織田幹雄は金メダルを獲得した運動選手でした。

▶〈人 + who + 動詞 ～〉で「～する（人）」の意味を表します。who 以下が，前の名詞（an athlete）をうしろから説明しています。この who のようなはたらきをする語を「関係代名詞」といいます。

▶上の例文は，次の2つの文を who を使って1つの文にしたものと考えることができます。

Oda Mikio was an athlete.　（織田幹雄は運動選手でした）

He（= The athlete）won a gold medal.

（彼（＝その運動選手）は金メダルを獲得しました［取りました］）

He is an athlete who **won a gold medal**.

訳 彼は金メダルを獲得した運動選手です。

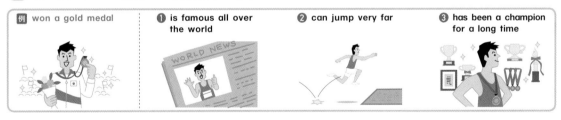

| 例 won a gold medal | ❶ is famous all over the world | ❷ can jump very far | ❸ has been a champion for a long time |

❶ He is an athlete who is famous all over the world.

　訳 彼は世界中で有名な運動選手です。

❷ He is an athlete who can jump very far.

　訳 彼はとても遠くに跳ぶことができる運動選手です。

❸ He is an athlete who has been a champion for a long time.

　訳 彼は長い間ずっと優勝者でいる運動選手です。

（語句）

all over the world　世界中で

has been 〜　　　　ずっと〜である（現在完了の継続用法）

🎧 Listen

Listen　Sho がスポーツ選手について話しています。どの選手について話しているのかを選び，
（　　）に番号を書こう。

Ⓐ 石川 佳澄 選手 卓 球	Ⓑ 桐生 祥秀 選手 陸上	Ⓒ 国枝 慎吾 選手 車いすテニス
（　　）	（　　）	（　　）

▶主語とキーワードに注意しながら，Ⓐ〜Ⓒのどの選手について話しているのかを聞き取りましょう。

Think & Try!

織田幹雄さんを英語で紹介してみよう。次の語句に続けて書き，最後にあなたの感想を
自由に 1 文以上加えよう。

Oda Mikio was _____

_____

_____

例 He is cool!
I want to know how far he jumped when he won a gold medal.

日本語訳

織田幹雄さんは_____でした。

例　彼はかっこいいです。

　　私は彼が金メダルを獲得したときどのくらい（遠くに）跳んだかを知りたいです。

🔊 発音

[θ] think [スィンク]，athlete [アスリート]，something [サムスィング]

Part 2

Goal ものについて詳しく伝えよう。

メイとケンタが，雑誌を見ながら話しています。

Mei: ❶ Look! ❷ I have a magazine which has many photos of American football players.

Kenta: ❸ Let me have a look! ❹ It says "NFL's first female athletic trainer." ❺ What does that mean?

Mei: ❻ It is about Iso Ariko. ❼ She was not only the first female but also the first Japanese athletic trainer in the NFL.

Kenta: ❽ That's terrific. ❾ What's she doing now?

Mei: ❿ She's the head athletic trainer of a university team now.

Kenta: ⓫ It sounds like a hard job.

Mei: ⓬ According to this article, she can communicate in a way which cheers up injured players.

日本語訳

メイ：❶見て！ ❷私，アメリカン・フットボールの選手の写真がたくさん載っている雑誌を持っているのよ。

ケンタ：❸ちょっと見せて！ ❹それには「NFL（全米フットボール連盟）初の女性運動競技トレーナー」って書いてあるね。❺それ，どういう意味？

メイ：❻磯有理子についての話よ。❼彼女はNFLで最初の女性（運動競技トレーナー）だっただけでなく，最初の日本人運動競技トレーナーだったの。

ケンタ：❽それはすばらしい。❾彼女は今，何をしているの？

メイ：❿彼女は今，ある大学チームの運動競技ヘッドトレーナーよ。

ケンタ：⓫それは難しい仕事みたいだね。

メイ：⓬この記事によれば，彼女は負傷した選手を元気づけるというやり方でコミュニケーションをとることができるんだって。

解説

❷a magazine which ～ では，which 以下がうしろからどんな雑誌かを説明しています。この which は「どちら」ではなく，〈もの + which + 動詞～〉で「～する（もの）」の意味を表します。この which も関係代名詞で，人以外のものを表す名詞を説明するときに使います。

I have a <u>magazine</u>（私は雑誌を持っています）

which has many photos of American football players.

（その雑誌にはアメリカン・フットボールの選手の写真がたくさん載っています）

❸ Let me ～ . は「私に～させてください」，have a look は「見る」という意味です。

❺ that（それ）は，❹の文の NFL's first female athletic trainer をさしています。

❼ not only ～ but also ... は，not just ～ but also ...（教科書 p.46）と同じく，「～だけでなく…もまた」という意味を表します。female のあとに athletic trainer を補うとわかりやすいでしょう。

⓫ 〈sound(s) like ＋ 名詞〉で「～のように聞こえる」→「～みたいだ」を表します。

⓬ According to ～ は「～によれば」という意味です。a way which ～ では関係代名詞 which 以下がうしろからどんな方法(way)かを説明しています。in a way which cheers up injured players で「負傷した選手を元気づけるという方法［やり方］で」という意味になります。cheer up ～ は「～を元気づける［励ます］」，injured は「傷ついた，負傷した」という意味です。

📖 Words & Phrases

☐ football［フトボール］	名 フットボール
☐ have a look	見る
NFL (= National Football League)［エンエフエル（ナショナル／フトボール／リーグ）］	
	名 全米フットボール連盟
☐ female［フィーメイル］	形 女性の
☐ athletic［アスレティク］	形 運動競技の
☐ trainer［トレイナ］	名 トレーナー
☐ terrific［テリフィク］	形 すばらしい
☐ **university**［ユーニヴァースィティ］	名 大学
☐ according［アコーディング］	副〔according to ～ の形で〕
☐ according to ～	～によれば
☐ **cheer(s)**［チア（ズ）］	動（～を）元気づける
☐ cheer up ～	～を元気づける
☐ injured［インヂャド］	形 負傷した

📖 Question

Who is Iso Ariko?

訳　磯有理子とはだれですか。

ヒント　❹の文を参考にして答えましょう。過去の文で書いてもかまいません。

解答例　She was the NFL's first female athletic trainer.

（彼女はNFL初の女性運動競技トレーナーでした）

🔑 Key Sentence

I have a magazine **which** has many photos.

私は多くの写真が載っている雑誌を持っています。

▶〈もの + which + 動詞 ～〉で「～する（もの）」の意味を表します。which 以下が，前の名詞（a magazine）をうしろから説明しています。この which も，who と同じく「関係代名詞」です。

▶上の例文は，次の２つの文を which を使って１つの文にしたものと考えることができます。

I have a magazine.（私は雑誌を持っています）

It（= The magazine）has many photos.

（それ（＝その雑誌）には多くの写真が載っています）

📦 Tool Kit

I have a magazine which <u>**has many photos**</u>.

訳 私は多くの写真が載っている雑誌を持っています。

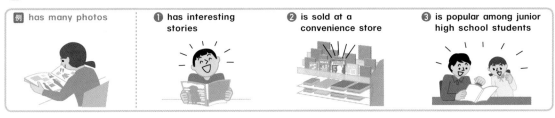

❶ I have a magazine which has interesting stories.

   訳 私はおもしろい話が載っている雑誌を持っています。

❷ I have a magazine which is sold at a convenience store.

   訳 私はコンビニエンス・ストアで売られている雑誌を持っています。

❸ I have a magazine which is popular among junior high school students.

   訳 私は中学生の間で人気のある雑誌を持っています。

語句

photo	名 写真（= picture）
stories	名 story（ストーリー，話）の複数形
among	前 ～の間で

🎧 Listen

Listen Kana と Amy の会話を聞いて，内容に合うものを○で囲もう。

Ⓐ Kana はお気に入りの歌手の写真がたくさん載っている（ 本 ／ 雑誌 ）を買った。

Ⓑ Kana は（ コンビニ ／ インターネット ）限定で売られている Tsukino Zen の CD を Amy に勧めた。

Ⓒ Tsukino Zen の歌は Kana たちを（ 元気づけてくれる ／ 感動させる ）。

▶会話を聞く前に，Ⓐ〜Ⓒをよく読んで，（　　）内の選択肢の違いを確認しておきましょう。

✳ Think & Try!

表を見ながら，磯有理子さんを英語で紹介してみよう。

Iso Ariko ＿＿＿＿＿＿＿＿＿＿＿＿＿＿＿＿

＿＿＿＿＿＿＿＿＿＿＿＿＿＿＿＿＿＿＿＿

＿＿＿＿＿＿＿＿＿＿＿＿＿＿＿＿＿＿＿＿

Iso Ariko

The year of birth	1970
The place of birth	Tokyo
Became an NFL's trainer in	2002

日本語訳

磯有理子さんは＿＿＿＿＿＿＿＿＿＿＿＿＿＿＿＿＿＿＿＿＿＿＿＿＿＿＿＿＿＿＿

Iso Ariko　磯有理子

誕生年	1970年
生誕地	東京
NFLのトレーナーになった	2002年

語句 birth 名 誕生

🔊 発音

[iər] ch<u>eer</u> ［チア］, d<u>eer</u> ［ディア］

➡教科書 p.52

Part 3　〈Goal〉ものについて詳しく伝えよう。

アヤが，高梨沙羅選手について，インターネットの記事を見つけました。

❶ Takanashi Sara is one of the top ski jumpers in Japan. ❷ She has broken many records. ❸ In 2011, she won an official international competition at the age of 14. ❹ In 2018, she set the all-time record for the most victories at the FIS Ski Jumping World Cup.

日本語訳

❶高梨沙羅さんは日本の上位のスキー・ジャンプ選手の一人です。❷彼女は多くの記録を破ってきました。❸2011年に，彼女は14歳で公式国際競技会で優勝しました。❹2018年には，彼女はＦＩＳスキージャンプ・ワールドカップで最多勝利の史上最高記録を樹立しました。

解 説

❶〈one of the + 複数名詞〉で「〜のうちの一人［１つ］」という意味を表します。

❷broken は break（〜を破る）の過去分詞形です。has broken で「破ってきた」という現在完了（継続用法）になります。高梨沙羅さんは現役選手なので，She broke many records. という過去の文ではなく，「現在も活躍していて，これからも記録を破るかもしれない」という意味で現在完了の文が使われています。

　参考　break のような瞬間的動作の場合は，〈have［has］+過去分詞形〉で動作の継続を表すことができます。それに対して study のような瞬間的ではない動作の場合は，現在完了進行形を使うのがふつうです。

❸won 〜 は「〜に勝った」→「〜で優勝した」，at the age of 〜 は「〜歳で」ということです。

❹この set は過去形です（原形と同じつづり）。現在形なら she sets 〜 となるはずです。set はここでは「（記録）を樹立する」という意味です。the all-time record は「史上最高記録」，victories は victory（勝利）の複数形です。for the most victories で「最も多い勝利に関する」→「最多勝利の」という意味になります。この most は many（多い）の最上級です（比較級はmore）。

Words & Phrases

☐ broken ＜ break ［ブロウクン ＜ ブレイク］　　　動 break（～を壊す，破る）の過去分詞形

☐ **record(s)** ［ゥレコード（ゥレコーズ）］　　　名 記録

　　break a record　　　　　　　　　　　　記録を破る

　　2011 ＝ twenty eleven

☐ **official** ［オフィシャル］　　　　　　　　　　形 公式な

　　2018 ＝ twenty eighteen

☐ all-time ［オールタイム］　　　　　　　　　　形 これまでで最高の

　　all-time record　　　　　　　　　　　　史上最高記録

☐ victories ＜ victory ［ヴィクトリズ ＜ ヴィクトリ］　名 victory（勝利）の複数形

　　FIS ［フィス］　　　　　　　　　　　　　名 国際スキー連盟

　　FIS Ski Jumping World Cup　　　　　〔the をつけて〕FISスキージャンプ・ワールドカップ

Key Sentence

The book **that** you gave me was interesting.
あなたが私にくれた本はおもしろかったです。

▶〈もの・人 + that + 主語＋動詞～〉で「―が～する…（もの・人）」の意味を表します。

▶「もの」を説明するときは，that の代わりに which を使うこともできます。

　　例文 = The book which you gave me was interesting.

▶例文の主語は The book that you gave me（あなたが私にくれた本）であることに注意しましょう。

Listen

Listen　Haruto の話を聞いて，その内容に合うものを〇で囲もう。

❶ 昨日いっしょにいた女性は Haruto の （ 母 ／ 姉 ） でした。

❷ 先週の日曜日に （ 駅 ／ 公園 ） で見かけた男性は有名な俳優でした。

❸ 生徒たちがいちばん好きな （ 英語 ／ 数学 ） の先生は山田先生です。

▶英語を聞く前に，❶～❸をよく読んで，（　　）内の選択肢の違いを確認しておきましょう。
　だれについて話しているのかを，注意深く聞き取りましょう。

❶Takanashi has been studying English hard since she was an elementary school student. ❷She says, "English is a tool that I need as a professional athlete. ❸For example, athletes have to use English for interviews."

❹She also says, "People around me talk in many different languages. ❺Being able to speak English gives me confidence. ❻This helps me to concentrate on my performance."

❼She wants to encourage younger jumpers with her example. ❽She always wants to make the ski jump more popular in Japan.

日本語訳

❶高梨さんは小学生だったときからずっと，英語を一生懸命に勉強しています。❷彼女は，「英語はプロの運動選手として私に必要な道具です。❸たとえば，運動選手はインタビューで英語を使わなければなりません」と言っています。

❹彼女はまた，「私の周りの人たちは多くの異なる言語で話します。❺英語を話せることは私に自信を与えてくれます。❻このことは，私が自分の演技に集中する助けになります」とも言っています。

❼彼女は自分の例で年下のジャンプ競技選手たちを勇気づけたいと思っています。❽彼女はいつもスキー・ジャンプを日本でもっと人気のあるものにしたいと思っています。

解 説

❶「ずっと～している，ずっと～してきた」という現在完了進行形の文です。動作（ここでは study）が現在までずっと継続していることを表すときは，〈have[has] been -ing〉の形を使います。since ～ は「～以来」という意味です。

❷a tool that ～ では，関係代名詞 that 以下がうしろからどんな道具（tool）かを説明しています。a tool that I need as a professional athlete で「プロの運動選手として私が必要とする道具」という意味になります。tool はものなので，that の代わりに which も使えます。

❸have to ～ は「～する必要がある，～しなければならない」という意味です。

❹People around me は「私の周りの人々」，in many different languages は「多くの異なる言語で」という意味です。

❺主語は Being able to speak English（英語を話すことができること）です。〈give ＋ 人（me）＋もの（confidence）〉は「（人）に（もの）を与える」を表します。

❻This（このこと）は，Being able to speak English をさします。〈help ＋ 人 ＋（to）＋動詞の原形〉は「（人）が～することを助ける」，concentrate on ～ は「～に集中する」の意味です。

❼with her example（彼女の例を使って）は「自分が手本になって」と考えます。

❽〈make＋もの＋形容詞〉は「（もの）を〜（の状態）にする」という意味です。この文では，「もの」は the ski jump，形容詞は more popular（より人気のある）です。

📖 Words & phrases

☐ confidence［カンフィデンス］　　名 自信

☐ concentrate［カンセントレイト］　動 集中する

☐ concentrate on 〜　　　　　　〜に集中する

☐ **encourage**［インカーリヂ］　　動 〜を勇気づける

📖 Question

In 2018, what record did Takanashi Sara set?

訳 2018年に，高梨沙羅さんはどんな記録を樹立しましたか。

ヒント 教科書 p.52の3〜5行目に答えが書かれています。

解答例 She set the all-time record for the most victories at the FIS Ski Jumping World Cup.（彼女はFISスキージャンプ・ワールドカップで最多勝利の史上最高記録を樹立しました）

💡 Think & Try!

次のインタビューを演じてみよう。最後に，自由に3往復程度のやりとりを加えよう。

Interviewer: Hello, Sara. Let me ask you some questions.
　　　Sara: Sure.

例 Interviewer: When did you start studying English?
　　　　Sara: I started when I was an elementary school student.
　　　　　　　　⋮

日本語訳

インタビュアー：こんにちは，沙羅さん。あなたにいくつか質問をさせてください。

　　　　沙羅：もちろんいいですよ。

例　インタビュアー：あなたはいつ英語を勉強し始めましたか？

　　　　沙羅：私が小学生だったときに始めました。

語句 interviewer 名 インタビュアー

(1) Who was Oda Mikio?

— He was the track and [1](   ) athlete who won a gold [2](   ) in 1928.

(2) What was the triple jump called at that time?

— It was called "Hop, [3](   ), and jump."

(3) Who was Betty Cuthbert?

— She was an athlete who was called the "[4](   ) Girl."

She won [5](   ) gold medals at Olympics.

(4) Please explain about Iso Ariko.

— She was not only the first [6](   ) but also the first Japanese athletic

[7](   ) in the NFL.

(5) What did Takanashi Sara do at the age of 14?

— She won an [8](   ) international competition in [9](   ).

解答と解説

1（ field ）　track and field で「陸上競技」の意味になります。

2（ medal ）　「（金）メダル」という語を入れます。

3（ step ）　三段跳びの「2段目」の動作を表す語を入れます。

4（ Golden ）　教科書 p.48の15行目に書かれています。

5（ four ）　数を表す語を入れます。教科書 p.48の16行目に書かれています。

6（ female ）　「女性の」という意味の語を入れます。

7（ trainer ）　「トレーナー」を英語にして入れます。

8（ official ）　「公式な」という意味の語を入れます。

9（ 2011 ）　年号を入れます。教科書 p.52の2行目に書かれています。

日本語訳

（1）織田幹雄とはだれでしたか。

— 彼は1928年に金メダルを獲得した陸上競技選手でした。

（2）当時，三段跳びは何と呼ばれていましたか。

— それは「ホップ・ステップ・ジャンプ」と呼ばれていました。

（3）ベティ・カスバートとはだれでしたか。

— 彼女は「ゴールデン・ガール」と呼ばれた運動選手でした。

彼女はオリンピックで4つの金メダルを獲得しました。

(4) 磯有理子について説明してください。

　― 彼女はNFLで最初の女性（運動競技トレーナー）だっただけでなく，最初の日本人運動競技
　　トレーナーでした。

(5) 高梨沙羅は14歳で何をしましたか。

　― 彼女は2011年に公式国際競技会で優勝しました。

Task
→教科書 p.54

■日本語訳を参考にしてみよう。

🎧/🎤　Ms. King と Bob がサッカー選手である長友佑都さんについて話しています。2人の会話
　　を聞いて，長友さんについてわかったことを書き，発表しよう。

例　Nagatomo is a soccer player who played in Japan, Italy, Turkey, and France.
　　（長友さんは日本，イタリア，トルコ，フランスでプレーしたサッカー選手です）

＊長友選手は2020年8月にフランスのチームに移籍しました。

Practice

Grammar 関係代名詞の文

A: ❶ The book which I read yesterday was really interesting.

B: Tell me about it.

A: ❷ It's a book about a man who made a wonderful tool. ❸ He made a tool which is used in many countries.

B: That sounds interesting.

日本語訳

A：❶ 私が昨日読んだ本は本当におもしろかったです。

B：それについて私に話してください。

A：❷それはすばらしい道具をつくったある男性についての本です。❸ 彼は多くの国で使われている道具をつくりました。

B：それはおもしろそうですね。

1.「どんな人か」を説明するとき…… ❷

Soseki was | the novelist | **who** wrote *Botchan*.
　　　　　　　　どんな人かというと

訳 漱石は『坊っちゃん』を書いた小説家でした。

Look at | the woman | **who** has long hair.
　　　　　　どんな人かというと

訳 長い髪をした［髪の長い］女性を見てごらん。

2.「どんなものか」を説明するとき…… ❸

Taro has | a cat | **which** has a long tail.
　　　　　どのネコのことかというと

訳 タロウは長いしっぽをした［しっぽの長い］ネコを飼っています。

Jiro has | a dog | **which** can swim very well.
　　　　　どのイヌのことかというと

訳 ジロウはとてもじょうずに泳げるイヌを飼っています。

3.「どんな人か・どんなものか」を説明するとき…… ❶

| The book | **that** I read yesterday was very interesting.

訳 私が昨日読んだ本はとてもおもしろかったです。

語句 novelist 名 小説家　　　hair 名 髪の毛　　　tail 名 しっぽ

Tips ❹ for Writing

➡教科書 p.56

Goal 読み手にわかりやすい文章の書き方を覚えよう。

■日本語訳を参考にしてみよう。

例1　I like sports a lot. My favorite sport is soccer because it is so exciting. I'm

on the school soccer team and I'm a midfielder. Midfielders play in the middle
　　　　　　　　　　　　　　　ミッドフィールダー　　　　　　　　　　　　　　　　　中央

of the field....

訳 私はスポーツがとても好きです。私のお気に入りのスポーツはサッカーで，なぜならそれは
とてもわくわくするからです。私は学校のサッカー・チームに入っていて，私はミッド
フィールダーです。ミッドフィールダーはフィールドの中央でプレーします…。

例2　School lunches are good for our health. We can eat many different things.
　　　　　　　　　　　　　　　　　　　　　　健康

For example, we have vegetables at every lunch....

訳 給食は健康にとってよいものです。私たちは多くの異なるものを食べることができます。
たとえば，私たちは昼食ごとに野菜を食べます…。

Let's Try!

次の文に１～２文をつけ加え，外国人の読み手にわかりやすくなるようにしてみよう。

(1) I go to Yamada Chuo Junior High School.　**訳** 私は山田中央中学校に通っています。
　　例 *Chuo* means "center" in Japanese.　**訳** 「中央」は日本語で（英語の）「center」
　　　　　　　　　　　　　　　　　　　　　　　　を意味します。

　　　The school is in the center of Yamada City.　**訳** その学校は山田市の中央にあります。

(2) *Mochi* is a traditional food.　**訳** 「もち」は伝統的な食べものです。
　　例 It's made from rice.　**訳** それは米からつくられます。
　　　It's made for the New Year.　**訳** それは新年［正月］のためにつくられます。

Give advice to your friends!
あなたの友達に助言をしましょう。

Do you sometimes give advice to your friends?
あなたはときどき，あなたの友達に助言をしますか。

□ true to ～　　～に忠実な　　□ advice［アド**ヴァイス**］　**名** 助言

➡教科書 pp.58－59

Part 1　　Goal　現実とは異なることを仮定して伝えよう。
　　　　　　　　教室で浮かない顔をしているケンタに，メイが話しかけました。

　　Mei:　❶ Hi, Kenta.　❷ You look depressed.　❸ What's wrong?

Kenta:　❹ Oh, do I?　❺ I had a little fight with my brother this morning.

　　Mei:　❻ I envy you.

Kenta:　❼ What do you mean?

　　Mei:　❽ Well, I don't have any brothers or sisters.　❾ I want a big brother!　❿ If I had a brother, I could do a lot of things with him.

Kenta:　⓫ What would you like to do if you had a brother?

　　Mei:　⓬ I would go shopping with him, play chess with him —— even have a fight!

🔵 **日本語訳**

　　メイ：❶こんにちは，ケンタ。❷あなた，落ち込んでいるみたい。❸どうかしたの？

ケンタ：❹えっ，ぼくが？　❺ぼくはけさ，兄とちょっとけんかをしたんだ。

　　メイ：❻あなたがうらやましい。

ケンタ：❼どういう意味？

　　メイ：❽ええと，私には兄弟や姉妹がいないの。❾私，お兄さんがほしいな！　❿もしお兄さんがいたら，彼といろんなことができるのになあ。

ケンタ：⓫もしきみにお兄さんがいたら，何をしたい？

　　メイ：⓬私は彼と買いものに行って，彼とチェスをして——けんかだってするわ！

94

解説

❷〈look ＋ 形容詞〉で「〜のように見える，〜みたいだ」という意味を表します。depressed は「落ち込んだ」で，精神的に沈んだ状態を表す語です。

❸wrong は「間違った，調子が悪い」などを表し，What's wrong? で「どこか悪いのですか」「どうかしたのですか」と心配する表現になります。

❹ ❷の文の You look depressed. に対して，「えっ，ぼくがそう見えるのですか」→「そうなのですか」と聞き返しています。

> 参考 Emi looks depressed.「エミは落ち込んでいるように見えます。」
>
> — Oh, does she?「えっ，そうなのですか。」／
>
> I can swim fast.「私は速く泳げます。」— Oh, can you?「えっ，そうなのですか。」

❺had a little fight with 〜 は「〜と小さな［ちょっとした］けんかをした」という意味です。

❻envy は「〜をうらやましく思う」という意味の動詞です。

❽don't have any 〜 or ... は「〜や…が（一人も）いない」という意味を表します。or の代わりに and でも通じますが，or を使うのが正式です。

❿〈If ＋ 主語＋動詞の過去形〜，主語 ＋ could ....〉という形に注意しましょう。これは過去の文ではなく，「（実際はそうではないが）もし〜だったら…できるのになあ」と，実現する可能性がない，または低い仮定を表しています。過去形を使うので「仮定法過去」といいます。同じ内容を現在の文で表すと，I don't have a brother, so I can't do a lot of things with him.（私には兄［弟］がいないので，彼といろいろなことをすることができません）となります。

⓫これも事実とは異なる仮定です。if 〜（もし〜だったら）は，文の後半に置くこともできます。⓫の文 ＝ If you had a brother, what would you like to do?

⓬If 〜 を省略した仮定の文です。❿の文では can の過去形 could（〜できるのになあ）が使われていましたが，ここでは will の過去形 would（〜するのになあ）が使われています。even have a fight は「けんかさえする」という意味です。

Words & Phrases

□ depressed［ディプレスト］　形 落ちこんだ

□ **wrong**［ローング］　形 調子が悪い

□ What's wrong?　何か問題があるのですか。

□ go shopping　買いものに行く

📖 Question

If Mei had a brother, what would she like to do with him?

訳 もしメイに兄がいたら，彼女は彼と何をしたいと思っていますか。

ヒント ⓬の文に，メイのしたいことが書かれています。

解答例 She would like to go shopping with him, play chess with him and even have a fight.
（彼女は，彼と買いものに行き，彼とチェスをし，けんかさえしたいと思っています）

🔑 Key Sentence

If I **had** a brother, I **could** do a lot of things with him.
もし私に兄 [弟] がいたら，私は彼と多くのことができるのに。

▶〈If + 主語＋動詞の過去形～，主語 + could [would など] ....〉で，「もし～だったら…できる [する] のになあ」と，実現する可能性が（ほとんど）ない仮定を表します。

▶ if ～の部分を文の後半に置くこともできます。そのときは途中にコンマを入れません。
例文 = I could do a lot of things with him if I had a brother.

🔲 Tool Kit

If I had a brother, I could **do a lot of things** with him.

訳 もし私に兄 [弟] がいたら，私は彼と多くのことができるのに（なあ）。

| 例 do a lot of things | ❶ go shopping | ❷ play catch | ❸ study together |

❶　If I had a brother, I could go shopping with him.
　　訳 もし私に兄 [弟] がいたら，私は彼と買いものに行くことができるのに。

❷　If I had a brother, I could play catch with him.
　　訳 もし私に兄 [弟] がいたら，私は彼とキャッチボールをすることができるのに。

❸　If I had a brother, I could study together.
　　訳 もし私に兄 [弟] がいたら，私はいっしょに勉強することができるのに。

語句

brother　　　**名** 兄弟，兄，弟
play catch　　キャッチボールをする
together　　　**副** いっしょに，協力して

🎧 Listen

Listen Elly の話を聞いて，その内容に合う絵を選び，（　）に記号を書こう。

❶（　　）　❷（　　）　❸（　　）

▶英語を聞く前に，Ⓐ～Ⓔの絵を確かめておきましょう。

(*) Think & Try!

次の会話を演じてみよう。最後のセリフは，自由に考えて言ってみよう。

A: I want a big [little] brother [sister]. If I had a brother [sister], I could
do a lot of things with him [her].

B: What would you like to do if you had a brother [sister]?

A: I would _____.

日本語訳

A：私は兄弟 [姉妹] がほしいです。もし兄弟 [姉妹] がいたら，私は彼 [彼女] と多くのことがで
きるでしょう。

B：もしあなたに兄弟 [姉妹] がいたら，何をしたいですか。

A：私は_____。

語句 a big brother「兄」　　a little brother「弟」　　a big sister「姉」　　a little sister「妹」

参考「兄 [姉]」は an older brother [sister]，「弟 [妹]」は a younger brother [sister] とも
いいます。

◀)) 音のつながり

What would‿you like‿to do if you had‿a brother?

［ホ**ワ**ト　ウ**ヂュ**ー　**ラ**イクタ　**ドゥ**ー　イフ　**ユ**ー　**ハ**ダ　ブ**ラ**ザ］

（もしきみにお兄さんがいたら，何をしたいですか）

→教科書 pp.60−61

Part 2 | Goal ほかの人の立場にたったと仮定して考えを伝えよう。
ケンタとメイの話が続いています。

Kenta: ❶ If I were your brother, I would sometimes feel jealous.

Mei: ❷ Why?

Kenta: ❸ You can do many things better than I.

Mei: ❹ Come on! ❺ You're so popular in our class!

Kenta: ❻ Sometimes having a brother or sister is tough. ❼ My brother goes to Kita High School. ❽ He thinks I should go there, too.

Mei: ❾ If I were you, I would take his advice. ❿ It's a very good school.

Kenta: ⓫ But I want to go to Minami High School. ⓬ It's famous for its baseball team and English education.

 日本語訳

ケンタ：❶もしぼくがきみの兄弟だったら，ぼくはときどきうらやましくなるだろうね。

メイ：❷どうして？

ケンタ：❸きみはぼくより，いろんなことがじょうずにできるもの。

メイ：❹まさか！　❺あなたは私たちのクラスでとても人気があるわ！

ケンタ：❻兄弟や姉妹がいることは，つらいときもあるよ。❼ぼくの兄は北高校に通っているんだ。❽彼は，ぼくもそこに行くべきだと思ってる。

メイ：❾もし私があなただったら，私は彼の助言を受け入れるわ。❿それはとてもよい学校よ。

ケンタ：⓫でもぼくは南高校に行きたいんだ。⓬そこは野球チームと英語教育で有名だから。

98

解説

❶〈If ＋ 主語 ＋ were ～ , 主語 ＋ would ....〉で「もし～だったら，…するだろう[するのになあ]」という意味を表します（仮定法過去）。be 動詞の過去形は，主語が何であっても were を使うのが原則ですが，会話では If I was ～ や If he was ～ なども使われます。なお，「もし私があなただったら」のように実現する可能性がまったくない場合は，常に were を使います。この文の If ～ を文の後半に置いて，I would sometimes feel jealous if I were your brother. と言っても意味は変わりません。

❷Why? は，Why would you sometimes feel jealous?（どうしてあなたはときどきうらやましくなるのですか）を 1 語で言ったものです。

❸better than ～（～よりもよく）を使った比較表現で，better は well（じょうずに）の比較級です。than I（私よりも）は than me と言うこともできます。

❹Come on! は「さあ行こう」「〔けんかなどで〕さあ来い」などのほか，反論するときの「まさか」などの意味でも使われます。

❻主語は having a brother or sister（兄弟や姉妹がいること）です。「ときどき～することは，つらい[きつい]」→「～することは，つらい[きつい]ときもある」と考えます。

❽should go は「行く[通う]べきだ」，there（そこに）は to Kita High School（北高校に）と言いかえられます。

❾これも仮定法過去の文です。If ～ を文の後半に置いて，I would take his advice if I were you. と言っても同じです。take his advice は「彼の助言を受け入れる」という意味です。

⓬be famous for its ～ は「そこの～で有名だ」という意味です。

Words & Phrases

□ jealous［ヂェラス］　　　　　形 うらやんで，ねたんで
　 Come on!　　　　　　　　　 まさか。
□ high school［ハイ／スクール］ 名 高校
□ education［エヂュケイション］ 名 教育

Question

Why does Kenta want to go to Minami High School?

訳 ケンタはなぜ南高校に行きたいのですか。

ヒント ⓫と⓬の文を読んで，その理由を判断しましょう。

解答例 Because it's famous for its baseball team and English education.
　　　 （それは野球チームと英語教育で有名だからです）

🔑 Key Sentence

If I **were** you, I **would** go to Kita High School.
もし私があなただったら，私は北高校に行くでしょう。

▶〈If + 主語 + were 〜, 主語 + would [could など] ....〉で「もし―が〜だったら，…するだろう [・・・できるだろう]」という意味を表します。

▶主語が何であっても were を使うのが原則です。

🧊 Tool Kit

If I were you, I would **go to Kita High School**.

訳 もし私があなただったら，私は北高校に行くでしょう。

❶ If I were you, I would join the speech contest.

訳 もし私があなただったら，私はスピーチ・コンテストに参加するでしょう。

❷ If I were you, I would sing on a stage.

訳 もし私があなただったら，私は舞台で歌うでしょう。

❸ If I were you, I would send an email to Aya.

訳 もし私があなただったら，私はアヤにEメールを送るでしょう。

語句 join　　　動 〜に参加する

speech　　名 スピーチ，演説

contest　　名 コンテスト，競技会

🎧 Listen

Listen Liz の話を聞いて，その内容に合う絵を選び，（　）に記号を書こう。

❶（　）　**❷**（　）　**❸**（　）

▶英語を聞く前に，**Ⓐ**〜**Ⓓ**の絵の違いを確認しておきましょう。キーワードを聞き取って，それをもとに絵を選びましょう。

Think & Try!

メイになりきって，ケンタにアドバイスしてみよう。次の文の（　　）に高校の名前を入れて，理由を自由につけ加えて言ってみよう。

If I were you, I would go to (　　　) High School.

例（ Kita ）High School
Many people say it's a good school. Also, you can make a lot of friends there because there are many students.

	Kita High School	Minami High School
Number of students	1,200	360
Baseball team	Not very strong	Very strong
School focus	Science Students can choose many kinds of science classes.	English All the students can visit Australia for two months.

語句

focus　　　　　名 焦点

school focus　　学校が主眼を置いていること

日本語訳

もし私があなただったら，私は（　　　）高校に行くでしょう。

例（ 北 ）高校
多くの人は，それはよい学校だと言っています。さらに，多くの生徒がいるので，あなたはそこで多くの友達をつくることができます。

	北高校	南高校
生徒数	1,200人	360人
野球チーム	あまり強くない	とても強い
学校が主眼を置いていること	科学 生徒は多くの種類の科学の授業を選ぶことができる。	英語 生徒は全員，2か月間オーストラリアを訪れることができる。

◀)) 文のリズム

Come on.

＊大きい丸の部分を強く発音します。全体をリズムよく発音しましょう。

Part 3

 実現が困難な願望について伝えよう。
英語の授業で，ケンタが自分の考えを発表しています。

❶ "Should Everyone Be the Same?"

❷ What kind of life do you want to have in the future? ❸ Do you think of studying as your top priority when you choose your high school? ❹ Some people think so, but for me, studying isn't enough. ❺ I love playing baseball and I'd like to choose a high school that has a good baseball team.

日本語訳

❶「だれもが同じであるべきでしょうか？」
❷皆さんは将来，どのような人生を送りたいですか？ ❸高校を選ぶとき，最優先事項として勉強のことを考えますか？ ❹そう考える人たちもいますが，ぼくにとって，勉強だけでは十分ではありません。❺ぼくは野球をすることが大好きで，よい野球チームのある高校を選びたいのです。

解説

❶「～べきでしょうか」という疑問文です。should be the same で「同じであるべきだ」という意味になります。

❷What kind of ～ は「どんな種類の～を」，in the future は「将来に」という意味です。

❸think of ～ は「～（のこと）を考える」，studying は「勉強（すること）」，as ～ は「～として」，top priority は「最優先事項」という意味です。
　参考 電車内の「優先席」や劇場などの「優待席」を priority seat といいます。

❹Some people ～ . は「～する人たちもいます」と訳すと，自然な日本語になります。think so（そう考える）は「最優先事項として勉強のことを考える」ことをさします。

❺I'd は I would の短縮形です。would like to ～ で「～したい」という意味を表します。want to ～ よりもていねいな言い方です。a high school that ～ では，関係代名詞 that 以下が前の

a high school をうしろから説明しています。「よい野球チームのある高校」という意味になります。なお，a high school は「人」ではなく「もの」なので，that は which で置きかえることができます。

Words & Phrases

□ priority［プライ**オー**リティ］　名 優先事項

🔑 Key Sentences

I **wish** I **were** good at soccer.　サッカーがじょうずだったらなあ。
I **wish** I **could** speak French.　フランス語を話せたらなあ。

▶教科書 p.63に出てくる仮定法過去の表現で，wish は「〜を強く望む」という意味の動詞です。
▶〈I wish I were 〜 .〉で，「私が（今）〜だったらなあ」という実現する可能性が（ほとんど）ない願望を表します。
▶〈I wish I could 〜 .〉で，「私が（今）〜できたらなあ」という実現する可能性が（ほとんど）ない願望を表します。

🎧 Listen

Listen Sho の話を聞いて，どの順番に願いごとを言っているか，（　　）に番号を書こう。
Ⓐ 友達と遊ぶ時間（　　　）　Ⓑ サッカーの上達（　　　）　Ⓒ 英語の上達（　　　）

▶英語を聞く前に，Ⓐ〜Ⓒを確認しておきましょう。話している順番に注意しながら，〈I wish I were［could］〜〉のうしろの具体的な内容を聞き取りましょう。

➡教科書 p.63

❶ "I wish I were the same as other people." ❷ Some people might think so, but I disagree. ❸ I want to be different. ❹ When I started junior high school, I was afraid to be different. ❺ At the same time, I wished I were the best at sports and the most popular. ❻ But now I have a different view. ❼ I know I have things that I'm good at doing and bad at doing. ❽ I want to be someone who has his own ideas. ❾ I'll always be myself.

日本語訳

❶「自分がほかの人たちと同じだったらなあ」。❷そう考える人もいるかもしれませんが、ぼくは違う意見です。❸ぼくは違っていたいのです。❹中学生になったとき、ぼくは違っていることを恐れていました。❺同時に、スポーツがいちばんじょうずで、いちばん人気があったらなあと強く望みました。❻でも今、ぼくは違う考えを持っています。❼ぼくは、自分にはするのが得意なことと、するのが不得意なことがあることを知っています。❽ぼくはその人自身の考えを持つ人間になりたいのです。❾ぼくはいつも自分自身でいるつもりです。

解 説

❶〈I wish I were ～ .〉で、「私が(今)～だったらなあ」という実現する可能性が(ほとんど)ない願望を表します。the same as ～ は「～と同じ人[もの]」という意味です。

❷might は「～かもしれない」という推測を表します。think so (そう考える)の so は、❶の文全体の内容をさします。disagree は agree とは反対に「意見を異にする、同意[賛成]しない」ということです。

❸「異なっていたい」→「ほかの人とは異なっていたい」と考えます。

❹「私が中学校を始めたとき」→「私が中学生になったとき」と考えます。was afraid to be ～ は「～であることを恐れた」という意味です。

❺At the same time は「(それと)同時に」という意味です。〈I wish I were ～ .〉は「私が(今)～だったらなあ」という意味でしたが(→❶)、〈I wished I were ～ .〉は過去の文なので、「私は(そのとき)～だったらなあと強く願った」という意味になります。the best at ～ は good at ～ (～がじょうずな)の最上級、the most popular は popular (人気のある)の最上級です。

❼I know (that) ～ . (私は～ということを知っている)という文です。things that I'm good at doing and bad at doing では、関係代名詞 that 以下が前の things (こと)をうしろから説明しています。全体で、「私がするのがじょうずなことと、するのが下手なこと」→「私が得意なことと、不得意なこと」という意味になります。

❽someone who ～ では，関係代名詞 who 以下が前の someone（だれか，ある人）をうしろから説明しています。his は someone をさします。全体で，「彼自身［自分］の考えを持っている人」という意味になります。

❾「いつも私自身でいるつもりだ」→「いつも自分に正直な人間でいるつもりだ」と考えます。

📖 Words & Phrases

□ **wish**［ウィシュ］　　動 ～を強く望む
□ **disagree**［ディサグリー］　　動（～と）意見を異にする
□ **bad**［バド］　　形 不得意な
□ be bad at ～　　～が下手である

📖 Question

Does Kenta wish he were the same as other people?

訳 ケンタはほかの人たちと同じだったらなあと思っていますか。

ヒント ❸の文に「自分は違っていたい」と書かれています。

解答例 No, he doesn't.（いいえ，思っていません）

✳ Think & Try!

ケンタの発表を参考にして，あなたの考えを英語で書いてみよう。

例 Kenta says, "I want to be someone who has his own ideas."
I hope so, too. I can't express my ideas very well.
I know it's important to do so. I'll do my best!

日本語訳

例 ケンタは「ぼくはその人自身の考えを持つ人間になりたい」と言っています。
私もそう望みます。私は自分の考えをあまりうまく表現することができません。
私は，そうすることが大切であることを知っています。私は全力を尽くします。

📖 本文の内容に合うように，Mei が書いた日記の（　　　）内に適切な語を書こう。

　Today I talked with Kenta about "brother."　I said to him, "If I ¹(　　　　) a brother, I ²(　　　　) do a lot of things with him.　I ³(　　　　) go shopping with him, play chess with him, ⁴(　　　　) have a fight!"　He said to me, "If I ⁵(　　　　) your brother, I ⁶(　　　　) sometimes feel jealous."　But I didn't know why then.

　In English class, he <u>made a speech</u>.　In the speech, he said "I want to be
　　　　　　　　　　スピーチをした
⁷(　　　　) from other people."　I was so <u>impressed</u>.
　　　　　　　　　　　　　　　　　　　　　　　　感心した

解答と解説

1（ had ）　「もし私に兄弟がいたら」は，現在の事実に反する仮定です。have の過去形を入れます。

2（ could ）　「～できるのですが」という意味にします。can の過去形を入れます。

3（ would ）　「～するでしょう」という意味にします。will の過去形を入れます。

4（ and even ）　「(けんか)さえ(する)」という意味にします。

5（ were ）　「もし私があなたの兄弟だったら」は，現在の事実に反する仮定です。ありえないことを仮定するときに使う be 動詞の過去形を入れます。

6（ would ）　「～するでしょう」という意味にします。will の過去形を入れます。

7（ different ）　「(～とは)異なった」の意味の形容詞を入れます。

日本語訳

　今日，私はケンタと「兄弟」について話しました。私は彼に「もし私に兄弟がいたら，私は彼と多くのことができるでしょう。私は彼と買いものに行き，彼とチェスをし，けんかさえするでしょう」と言いました。彼は私に「もしぼくがきみの兄弟だったら，ぼくはときどきうらやましくなるだろう」と言いました。でも私は，そのときはなぜだか（＝彼がそう言った理由が）わかりませんでした。

　英語の授業で，彼はスピーチをしました。そのスピーチの中で，彼は「ぼくはほかの人たちと違っていたい」と言いました。私はとても感心しました。

語句 impressed　動 impress (…に感銘を与える)の過去分詞形
　　　　　　　　　　　　〔be impressed の形で〕感心する，感動する

Task

➡教科書 p.64

■日本語訳を参考にしてみよう。

🎧／　Bob と Aya が兄弟について話しています。2人の会話を聞いて，その内容について4文で
✏️　まとめて書こう。

（もし Bob に弟がいたら Bob は…）

If Bob _____ .

（Aya のコメント）

Aya said "You _____ ."

（もし Bob に兄がいたら Bob は…）

If Bob had an older brother, he _____ .

（もし Aya が兄のいる男の子だったら）

If Aya were a little boy with an older brother, _____ .

日本語訳

もしボブ_____ 。

アヤは「あなたは_____ 」と言いました。

もしボブに兄がいたら，彼は_____ 。

もしアヤが兄のいる男の子だったら，_____ 。

A: ❶I wish I were rich. ❷If I had 10 million yen, I would travel around the world.

B: ❸If I were rich, I would help children who cannot go to school.

日本語訳

A：❶私がお金持ちだったらなあ。❷もし1,000万円持っていたら，私は世界一周旅行をするのになあ［するのですが］。

B：❸もし私がお金持ちだったら，私は学校に行けない子どもたちを助けるのになあ［助けるのですが］。

1. 実現する可能性がない，または可能性が低いことを「〜ならなあ」と表現する場合（その１）

… ❷

If I **had** a brother, I **would** play tennis with him.

訳 もし私に兄弟がいたら，私は彼とテニスをするのになあ。

2. 実現する可能性がない，または可能性が低いことを「〜ならなあ」と表現する場合（その２）

… ❸

It is raining hard. If it **was** fine, I **could** play tennis.

訳 激しく雨が降っています。もし晴れだったら，私はテニスができるのになあ。

If I **were** you, I **wouldn't** do such a thing.

訳 もし私があなただったら，私はそのようなことをしないのになあ。

3. 実現する可能性がない，または可能性が低いことを「〜ならなあ」と表現する場合（その３）

… ❶

I wish I **were** a bird. 訳 私が鳥だったらなあ。

I wish I **could** speak German well. 訳 私がドイツ語をじょうずに話せたらなあ。

語句 travel 動 旅行する   rain 動 雨が降る   wouldn't ← would not

Tips ❺ for Reading

➡教科書 p.66

Goal 何かを説明する文を，先を予測しながら読もう。

■日本語訳を参考にしてみよう。

Did you know that tennis players often sit down between games and eat bananas?

There are **a few reasons** for this.　**First**, bananas give you energy for a long time.
理由　理由がいくつかあるのだな　まず何？　　　　　　　　　　　　活力

Second, bananas have many minerals.　One of these minerals helps you when you
2つ目は何？　　　　　　　　　ミネラル

are tired.　**Third**, something in bananas keeps you from feeling angry.　**Additionally**,
3つ目は何？　　　　　　　　　～するのを防ぐ　　　　　怒（おこ）って　加えて　補足情報は？

they are cheap and delicious.　**So** bananas are one of the best fruits for you.
結論は？

日本語訳

　あなたはテニスの選手がしばしば試合の間にすわってバナナを食べることを知っていましたか。これには**いくつかの**理由があります。**まず**，バナナはあなたに長い間エネルギーを与（あた）えます。**2つ目に**，バナナは多くのミネラルを含んでいます。これらのミネラルの1つは，疲（つか）れているときにあなたを助けます。**3つ目に**，バナナに含まれているものが，あなたが怒りを感じるのを防ぎます。加えて，それらは安くておいしいです。**ですから**バナナはあなたにとって最も優れた［最高の］くだものの1つです。

💡 Tips　先を予測しながら読むコツ

●Helping the children is not easy, **but** we have to.

訳　子どもたちを助けることは簡単ではありません**が**，私たちは助けなければなりません。

▶文末の to のあとに help them が省略されています。

●We have cut down many trees. **As a result**, many animals disappeared.

訳　私たちは多くの木を切ってきました。**その結果**，多くの動物が消えました（＝絶滅（ぜつめつ）しました）。

Let's Try!

次の英文を，あとに書いてあることを推測しながら読んでみよう。

　　Life is full of <u>stress</u> and after a long day you get really tired. If you can relax, you
　　　　　　　　　ストレス

will feel fine again. <u>Though</u> people have different ways to relax, this is my way.
　　　　　　　　　　　　〜けれども

First, find a quiet place and sit down on something <u>soft</u>. Second, close your eyes
　　　　　　　　　　　　　　　　　　　　　　　　　やわらかい

and just <u>focus on</u> <u>breathing</u> for 5 to 10 minutes. Lastly, take a <u>slow</u>, <u>deep breath</u>.
　　　　　〜に集中する 呼吸　　　　　　　　　　　　　　　　　　　ゆっくりとした 深呼吸

After this, you will be ready to study or do something else. <u>Why don't you</u> try it?
　　　　　　　　　　　　　　　　　　　　　　　　　　　　　　　〜したらどうですか

日本語訳

　　人生はストレスでいっぱいで，長い一日のあと，本当に疲れます。もしリラックスできれば，あ
なたは再び（気持ちが）すっきりするでしょう。人々はリラックスするためのいろいろな方法を
持っていますが，これは私の方法です。まず，静かな場所を見つけ，何かやわらかいものの上に
すわります。2つ目に，目を閉じて，5分間から10分間，呼吸だけに集中しましょう。最後に，
ゆっくりとした深呼吸をしましょう。こうしたあと，あなたは勉強したり何かほかのことをした
りする準備ができているでしょう。それを試してみたらどうですか。

解説

　　2つ目の文の If you can relax, you will feel fine again.（もしリラックスできれば，あなた
は再び（気持ちが）すっきりするでしょう）は，事実とは異なることでも，実現する可能性がない
ことでもありません。単に「もし〜なら」と言っているだけです。したがって，仮定法の文にす
る必要はありません。次の2つの文を比べてみましょう。

● If it is sunny tomorrow, I will go fishing.

　訳 もしあした晴れなら，私は釣りに行きます。　……あした晴れるかどうかは不明

● If it were sunny today, I would go fishing.

　訳 もし今日晴れなら，私は釣りに行くのですが。……今日は晴れていない

Tips ❻ for Writing

➡教科書 p.67

Goal 自分の考えを具体的に伝えよう。

例 「中学生は地方よりも都会に住んだほうがよい」という主張をする場合

It is better for junior high school students to live in the city than in the country. I have two reasons for thinking so. First, there are more high schools in the city. Students can choose the school they want to enter. Second, the city has more facilities that are good for students. For example, Minami City has more than ten libraries. Also, it has three museums.

日本語訳

　地方よりも都会に住むほうが，中学生にとっては好ましいです。そう考える理由が２つあります。まず，都会にはより多くの高校があります。生徒たちは入りたい学校を選ぶことができます。２つ目に，都会には生徒たちにとってよい施設がより多くあります。たとえば，南市には10を超える図書館があります。さらに，そこには３つの博物館があります。

Tips 自分の考えを具体的に書くコツ

■日本語訳を参考にしてみよう。

●理由がいくつあるか最初に述べる。

I have two reasons for....　　訳 私には…に対する理由が２つあります。

●区切りをはっきりさせる。

First, ...　　　　　　　　　訳 まず［１つ目に］，…。
Second, ...　　　　　　　　訳 ２つ目に，…。

●つなぎことばを使ってわかりやすくする。

Also, ...　　　　　　　　　訳 さらに，…［また，…］。
Next, ...　　　　　　　　　訳 次に，…。

Lesson 6　Why do We Have to Work?

なぜ私たちは働かなければならないのでしょうか

Talk about why we have to work!
なぜ私たちは働かなければならないのかを話しましょう。

How do you want to work in the future?
あなたは将来，どのように働きたいですか。

→教科書 p.70

Part 1

Goal　相手の話をよく聞いて，意見を言い合おう。
英語の授業で，ディスカッションをします。

Ms. King:　❶As you know, tomorrow is Labor Thanksgiving Day. ❷So today's discussion is related to labor: ❸Do we have to work? ❹Why or why not? ❺Take a few minutes to talk about these two questions in your groups.

日本語訳

キング先生：❶ご存じのように，あしたは勤労感謝の日です。❷そこで，本日の討論は労働と関係があります：❸私たちは働かなければならないのか？　❹なぜ働かなければならないのか，あるいはなぜ働く必要はないのか？　❺皆さんのグループ内でこれらの2つの問いについて話し合うために，2〜3分使いなさい。

解 説

❶As you know は「あなた (たち) が知っているように」→「ご存じのように」という意味です。Labor Thanksgiving Day (勤労感謝の日) の Labor は「労働」，Thanksgiving は「感謝(祭)，感謝の祈り」を表し，日本では11月23日，アメリカでは11月の第4木曜日，カナダでは10月の第2月曜日がそれにあたります。

❷is related to 〜 は「〜と関係がある」という意味です。

❸have to 〜 は「〜しなければばらない」という意味です。

　参考　don't have to 〜 は「〜する必要がない，〜しなくてよい」という意味になります。

❹Why は Why do we have to work? (なぜ私たちは働かなければならないのでしょうか)，why not? は why don't we have to work? (なぜ私たちは働く必要がないのでしょうか)を短

く言ったものです。キング先生は生徒たちに，働かなければならない理由や，働く必要がない
理由も考えなさい，と言っています。

❺動詞で始まっているので命令文です。Take a few minutes to ～ は「～するために2～3分
使いなさい，2～3分使って～しなさい」ということです。

📖 Words & Phrases

☐ labor ［レイバ］　　　　　　　名 労働

　Labor Thanksgiving Day ［レイバ／サンクス**ギ**ヴィング／デイ］　　名 勤労感謝の日

☐ **discussion** ［ディス**カ**ション］　名 討議，討論

☐ **related** ［ゥリレイティド］　　形 ～と関係がある

☐ be related to ～　　　　　　～と関係がある

Useful Expressions

ディスカッションを始めるとき（司会）

・Today's discussion is ～.　　　　本日の討論は～です。

・We talk about ～.　　　　　　　～について話します。

自分の意見を述べるとき

・In my opinion, ～.　　　　　　　私の考えでは，～。

・I think ～. / I don't think ～.　　私は～と思います。/ 私は～とは思いません。

 発音

[e] health ［ヘルス］，heavy ［ヘヴィ］，ready ［ゥレディ］

Aya: ❶ Let's start! ❷ Do you all think we have to work? ❸ How about you, Bob?

Bob: ❹ Well, in my opinion, yes. ❺ If we don't, how can we live?

Kenta: ❻ I agree with Bob. ❼ People need money. ❽ But there's more to life than that.

Mei: ❾ You're right, Kenta. ❿ Our health, our friends and family, our hobbies — those are all important, too.

Aya: ⓫ I see what you mean, Mei. ⓬ Both working and spending time for ourselves are important. ⓭ But it's hard to find a balance. ⓮ My dad gets home late from work almost every evening.

日本語訳

アヤ：❶始めましょう！ ❷みんなは，私たちは働かなければならないと思う？ ❸あなたはどう，ボブ？

ボブ：❹ええと，ぼくの考えでは，そう。❺もし働かなければ，ぼくたちはどうやって生きていける？

ケンタ：❻ぼくはボブに賛成。❼人にはお金が必要。❽でも人生にはそれ以上のものがあるよ。

メイ：❾そのとおりね，ケンタ。❿私たちの健康，私たちの友達や家族，私たちの趣味—それらも全部大切だわ。

アヤ：⓫あなたの言いたいことはわかるわ，メイ。⓬働くことも自分自身のために時間を過ごすことも，両方とも大切ね。⓭でもバランスを見つけることは困難だわ。⓮私の父はほとんど毎晩，仕事から遅く帰宅するのよ。

解 説

❷you all は「あなたたちみんな」，have to ~ は「~しなければならない」という意味です。

❸How about you, Bob? (あなたはどうですか，ボブ) は，Do you think we have to work, Bob? (あなたは，私たちは働かなければならないと思いますか，ボブ) とほぼ同じ内容です。

❹in my opinion は「私の意見では」という意味です。yes は，yes, I think we have to work (はい，私たちは働かなければならないと思います) を1語で言ったものです。

❺If we don't は If we don't work ということです。how can we live? (私たちはどうやって生きていけますか) は，we can't live「生きてはいけません」という気持ちを含んでいます。

❻agree with ~ は「~に賛成 [同意] する」という意味です。「~に賛成 [同意] しません，~に

反対です」は I don't agree with ～ . と言います。

❽there's more to life than ～ は「人生には～より以上のものがある」という意味です。文末の that は money をさします。

❿お金以上に大切なものを並べています。hobbies は hobby（趣味）の複数形です。

⓫see は「わかる」，what you mean は「あなたが何を意味しているか」→「あなたの言いたいこと」と考えます。

参考 What do you mean?「（言っていることは）どういう意味ですか。」

⓬both ～ and ... は「～も…も両方とも」，spending time for ourselves は「私たち自身のために時間を過ごすこと」（spending は動名詞）という意味です。

⓭it's ... to ～ で「～することは…だ」の意味を表します。a balance（バランス）は「働くことと自分自身のために時間を過ごすことのバランス」をさしています。

📖 Words & Phrases

□ agree with ～
　　　　　　～に賛成する，～に同意する
□ **health**［ヘルス］ 名 健康

□ both ～ and ...　　～も…も両方とも
□ **balance**［バランス］ 名 バランス
□ **get home**　　　帰宅する

📖 Question

Why does Kenta think we have to work?

訳 ケンタはなぜ，私たちは働かなければならないと思うのですか。

ヒント ケンタはボブの意見に賛成しています。❼の文を参考にして答えましょう。

解答例 Because people need money.（人にはお金が必要だからです）

▶❽の文から，ケンタはまた，人生にはそれ以上のものがあるとも思っています。

💭 Think & Try!

次の文の形で，アヤたちのディスカッションで印象に残った意見を言ってみよう。
最後に，あなたの考えや感想を自由に1文加えよう。

I agree with (　　　　　　).
He [She] said "＿＿＿＿＿＿＿＿＿＿＿＿＿＿＿＿＿＿＿."

例 (Kenta)
　　I think our health is the most important in our lives.

日本語訳

私は (　　　　　　) に賛成です。
彼［彼女］は「＿＿＿＿＿＿＿＿＿＿＿＿＿＿＿＿＿＿＿＿＿＿」と言いました。

例 （ケンタ）　ぼくは，ぼくたちの健康が人生の中でいちばん大切だと思います。

Part 2

 相手の話をよく聞いて，意見を言い合おう。
アヤたちのディスカッションが続いています。

Kenta: ❶I saw a TV show the other day about families in Sweden. ❷Most women work there, even after getting married. ❸And it's common for Swedish parents to do the housework and child-raising together.

Aya: ❹That sounds great! ❺I want my dad to watch that show.

Bob: ❻When I grow up, I hope my wife and I can cooperate and enjoy our life. ❼We have to make enough money for that.

日本語訳

ケンタ：❶ぼくは先日，スウェーデンの家族についてのテレビ番組を見たよ。❷そこでは，たいていの女性は結婚したあとでも働いているんだ。❸そしてスウェーデンの両親にとっては，いっしょに［協力して］家事と子育てをするのが一般的なんだ。

アヤ：❹それはすばらしい！　❺私はお父さんにその番組を見てもらいたいわ。

ボブ：❻大人になったら，妻とぼくが協力できてぼくたちの人生を楽しめるといいな。❼ぼくたちはそのための十分なお金をかせぐ必要があるね。

解 説

❶the other day は「先日」の意味です。文の最初や最後に置くこともできます。families は family の複数形です。

❷Most women は「たいていの女性」の意味で，women［ウィミン］は woman の複数形です（発音に注意）。there は in Sweden（スウェーデンでは）と言いかえられます。even after getting married は「結婚したあとでさえ」で，get married は「結婚する」(= marry) の意味を表します。

参考「～と結婚する」は get married to ～ または marry ～ で表します。

❸〈it's ... for + 人 + to + 動詞の原形～〉で「～することは（人）にとって…だ」という意味を表します。Swedish は Sweden の形容詞形です。この文では「スウェーデンの両親が家事 (housework) と子育て (child-raising) をいっしょに (together) する (do) ことが一般的 (common) だ」と言っています。

❺〈want + 人 + to + 動詞の原形〉で「（人）に～してほしい」という意味になります。that show は，ケンタが見たテレビ番組をさします。

❻I hope (that) ～ . で「私は～ということを望む，～だといいなと思う」ということです。cooperate

は「協力する」という意味です。

❼have to ~ は「~しなければならない」，make enough money for ~ は「~のための十分な
お金をかせぐ」という意味です。文末の that（そのこと）は，❻の文の my wife and I 以下に
書かれている内容（ボブの将来の希望）をさします。

📖 Words & Phrases

- ☐ the other day   先日
- ☐ Sweden［スウィードン］   名 スウェーデン
- ☐ get married   結婚する
- ☐ **common**［カモン］   形 一般的な
- ☐ Swedish［スウィーディシュ］   形 スウェーデンの
- ☐ housework［ハウスワーク］   名 家事
-    child-raising［チャイルドレイズィング］名 子育て
- ☐ **wife**［ワイフ］   名 妻
- ☐ cooperate［コウアパレイト］   動 協力する

Useful Expressions

相手の意見を聞くとき
- ・How about you?   あなたはどうですか。
- ・What do you think about ~?   ~についてあなたはどう思いますか。

話し始めのワンクッション
- ・As you know,   ご存じのように，
- ・So,   ところで，/ まあ，/ つまり

Mei: ❶ But as I said before, money isn't the only reason to work. ❷ For some people, it's more important to do the work they love.

Aya: ❸ That's a good point, but can you think of an example?

Mei: ❹ Well, my dad is a university researcher and my mom works as an interpreter. ❺ They both really enjoy their jobs because they feel like they're helping other people.

◯ 日本語訳

メイ：❶でも私が前に言ったように，お金は働くための唯一の理由ではないわ。❷人によっては，大好きな仕事をすることのほうがもっと大切よ。

アヤ：❸それはよい考えだけど，例を思いつく？

メイ：❹ええと，私の父は大学の研究者で，母は通訳として働いているの。❺ほかの人たちを助けているように感じているから，２人とも本当に彼らの仕事を楽しんでいるわ。

◯ 解説

❶ as I said before は「私が前に言ったとおり」という意味です。

　参考 as you know「あなたが知っているとおり，ご存じのとおり」

the only reason to work の the only reason は「ただ１つの理由」，to work は「働くための」という不定詞の形容詞的用法です。

❷ For some people（何人かの人々にとって）は「人によっては，ある人たちにとっては」などと訳すと日本語らしくなります。it's ... to do ～ は「～することは…だ」，the work they love は「彼らが愛する［大好きな］仕事」という意味です。なお，文末では than money（お金よりも）が省略されています。

❸ a good point は「よい点，よい考え，よい意見」などの意味です。think of は，ここでは「～を思いつく，考えつく」の意味です。

❹ この文の as は「～として」を表します。

❺ They both は「彼ら両方は」という意味で，Both of them と言っても同じです。because 以下には，メイの両親がそれぞれの仕事を楽しんでいる理由が述べられています。feel like (that)～ は「～のように感じる」，they're helping other people は「ほかの人々を助けている，ほかの人々の役に立っている」ということです。

📖 Words & Phrases

☐ **reason** [ゥリーズン]　　名 理由
☐ **researcher** [ゥリサーチャ]　　名 研究者

📖 Question

What is common for Swedish parents?

訳 スウェーデンの両親にとって一般的なことは何ですか。

ヒント 教科書 p.72の３～４行目に，スウェーデンの両親にとって common（一般的な）ことが書かれています。

解答例 It's common for them to do the housework and child-raising together.
（いっしょに家事と子育てをすることが彼らにとって一般的です）／
To do [Doing] the housework and child-raising together.
（いっしょに家事と子育てをすることです）

Think & Try!

次の文の形で，アヤたちのディスカッションで印象に残った意見を言ってみよう。
最後に，あなたの考えや感想を自由に１文加えよう。

I agree with (　　　　).
He [She] said "_____."

例 (Mei)
My mother is a teacher, and she enjoys teaching her students, too.

日本語訳

私は (　　　　) に賛成です。
彼 [彼女] は「_____」と言いました。

例 (メイ)
私の母は教師で，彼女も彼女の生徒たちを教えることを楽しんでいます。

🔊 発音
[əːr] earth [アース], learn [ラーン], researcher [ゥリサーチャ]

Part 3 Goal 意見をまとめて，発表の準備をしよう。

アヤたちのディスカッションはさらに続きます。

Kenta: ❶ I've heard that people in Singapore work long hours. ❷ Is that true, Mei?

Mei: ❸ You're right. ❹ The government recommends working 44 hours a week at most, but about half of all the men and women there work overtime. ❺ But as my parents always say, if you love your job, it doesn't feel like work.

Bob: ❻ So we've thought of several different reasons. ❼ Who's going to report to the class? ❽ I did it yesterday, so I think it's your turn, Kenta!

🔵 日本語訳

ケンタ：❶ぼくは，シンガポールの人たちは長時間働くって聞いたことがある。❷それは本当，メイ？

メイ：❸そのとおりよ。❹政府は多くても週44時間の労働を勧（すす）めているけど，そこの男女全体の約半分は残業をしてるの。❺でも私の両親がいつも言ってるように，もし仕事が大好きなら，仕事のようには感じないから。

ボブ：❻それでは，ぼくたちはいくつかの異なる理由を思いついたね。❼だれがクラスに報告する予定？ ❽ぼくは昨日それをしたから，きみの番だと思うよ，ケンタ！

🔵 解説

❶ I've は I have の短縮形，heard は hear の過去分詞形なので，have heard は現在完了（かんりょう）です。ここでは「that 以下のことを聞いたことがある」という経験を表しています。people in Singapore は「シンガポールの人々」という意味です。

❷ that (そのこと) は，❶の文の that 以下の内容をさしています。

❹ The government recommends (that) ～ . は「政府は～ということを勧め（てい）る」という意味です。そして勧めていることは，working 44 hours a week at most ということです。at most は「多くて（も）」の意味なので，「多くても1週間に44時間働くこと」→「多くても週44時間の労働」ということになります。half of ～ は「～の半分」，all the ～ は「～のすべて」，there (そこの) は in Singapore「シンガポールの」，work overtime は「残業する」という意味です。but 以下の主語が about half of all the men and women there (そこの男女全体の約半分) であることを確かめましょう。

❺ この文の as は「(～する) ように」という意味です。it doesn't feel like work の it は your job（あなたの仕事）をさします。ここでは，job は「個々の仕事」をさし，work は「労働」をさすことに注意しましょう。

❻So は「それなら，これで」ということです。we've thought of ～ は「私たちは～を考えてしまった［考え終わった］」という現在完了（完了用法）の文です。

❼Who's は Who is の短縮形です。Who's going to ～？で「だれが～する予定［つもり］ですか」という意味を表します。

❽I did it（私はそれをした）は，I reported to the class（私はクラスに報告した）を短く言ったものです。turn は「順番，番」という意味の名詞です。it は特に訳す必要はありません。

📖 Words & Phrases

☐ **government**［ガヴァンメント］名 政府

☐ at most　　　　　　　　多くて（も）

☐ **half**［ハフ］　　　　　　名 半分

☐ **men** ＜ man［メン ＜ マン］　名 man（男の人）の複数形

☐ **overtime**［オウヴァタイム］　副 時間外に

　　we've［ウィーヴ］← we have

　　who's［フーズ］← who is

☐ **turn**［ターン］　　　　　名 順番，番

Useful Expressions

相手の意見に賛成・反対するとき

・I agree with ～. / I disagree with ～.　　～に賛成です。/ ～に反対です。

・I'm for ～. / I'm against ～.　　　　　　～に賛成です。/ ～に反対です。

理由を述べるとき

・～, because ...　　　　　　　　　　～，なぜならば…

・The reason is that ～.　　　　　　　その理由は～です。

Kenta: ❶Me? ❷OK, let me confirm first. ❸Our reasons were to make money, to do something we love, and to do something for other people? ❹Did anyone think that people don't have to work?

Aya: ❺Not me!

Bob: ❻Me, neither.

Mei: ❼I'm with Aya and Bob. ❽But we also discussed how important it is to find work-life balance.

Kenta: ❾Got it! ❿Thanks.

日本語訳

ケンタ：❶ぼくが？　❷わかった，まずぼくに確認させて。❸ぼくたちの理由は，お金をかせぐため，大好きなことをするため，そしてほかの人たちのために何かをするためだったね。❹人は働く必要がないって，だれか考えた？

アヤ：❺私じゃないわ！

ボブ：❻ぼくでもないよ。

メイ：❼私はアヤやボブと同意見。❽でも私たちは，仕事と私生活のバランスを見つけることがどれほど大切かについても話し合ったわ。

ケンタ：❾わかった！　❿ありがとう。

解説

❶「きみの番だと思うよ」というボブのことばを聞いて，ケンタが驚いています。

❷let me ~ は「私に~させてください」，confirm は「確認する」という意味です。

❸Our reasons（私たちの理由）は，教科書 p.70でキング先生が示した2つの問い，つまり，Do we have to work?（私たちは働かなければならないのでしょうか），Why or why not?（なぜ働かなければならないのでしょうか，あるいは働く必要がないのでしょうか）という問いに対する理由です。to make money は「お金をかせぐため」，to do something we love は「私たちが愛する［大好きな］ことをするため」，to do something for other people は「ほかの人々のために何かをするため」。ケンタは，これらが働く理由だと確認しています。

❹Did anyone think that ~ ? は「~ということをだれか考えましたか」，don't have to ~ は「~する必要がない」という意味です。

❺　❹の問いに対する返事で，It's not me!（それは私ではない）を短く言ったものです。I didn't think so!（私はそう考えなかった）と言いかえることができます。

❻ ❺に対するあいづちで, I didn't think so, either.（私もそう考えなかった）ともいえます。
neither は「〜もまた…ない」（= not ..., either）という意味で使います。

❼ I'm with 〜 . は「私は〜といっしょです」→「私は〜と同意見です」ということです。I agree with 〜 . と同じ意味を表します。

参考 I'm against 〜 .「私は〜に反対です。」

❽ we also discussed 〜 は「私たちは〜についても話し合った」ということです。how 以下が議論した内容です。how important it is to 〜 は「〜することがどれほど大切か」で, it は to find 〜 をさしています。

❾ Got it! は「わかった」という意味で, got は get の過去形です。

📖 Words & Phrases

☐ confirm ［カンファーム］　　　動 確認する
☐ neither ［ニーザ］　　　　　　副 〜もまた…ない
　Me, neither.　　　　　　　　私もそう思いません。
☐ **discuss(ed)** ［ディスカス(ト)］ 動 〜について話し合う
　work-life balance　　　　　　名 仕事と私生活のバランス

📖 Question

Do people in Singapore work long hours?

訳 シンガポールの人々は長時間働きますか。

ヒント 教科書 p.74の1〜3行目を読めばわかります。

解答例 Yes, they do.（はい, そうです）

✳ Think & Try!

次の文の形で, Part 1〜3のディスカッション全体で, 特に印象に残った意見を言ってみよう。最後に, あなたの考えや感想を自由に1文加えよう。

I agree with (　　　　　).
He [She] said "＿＿＿＿＿＿＿＿＿＿＿＿＿＿＿＿＿＿＿＿."

例 (Mei)
　I hope to have a job that I really love in the future.

日本語訳

私は (　　　　) に賛成です。
彼［彼女］は「＿＿＿＿＿＿＿＿＿＿＿＿＿＿＿＿＿＿＿＿＿＿＿」と言いました。
例 (　メイ　)
　私は将来, 私が本当に大好きな仕事に就けるといいなと思っています。

Tips ❼ for Speaking

 Goal 即興で自分のことや考えを伝えよう。
そっきょう

■日本語訳を参考にしてみよう。

Do you think teachers should give you a lot of homework?

訳 あなたは先生たちがあなたたちに宿題をたくさん出すべきだと思いますか。

No, I don't.

訳 いいえ, 思いません。

💡Tips 自分のことや考えを伝える際のコツ

■日本語訳を参考にしてみよう。

①まず, 結論を言おう。

I don't think teachers should give us a lot of homework.

訳 私は, 先生たちは私たちに宿題をたくさん出すべきだとは思いません。

②その理由を述べよう。

Students are busy with club activities after school and learning something out of school.

訳 生徒たちは放課後にクラブ活動で, そして学校外で何かを学ぶのに忙しいです。
いそが

③具体的な例や経験をつけ加えよう。

For example, I practice the piano for two hours at home.

訳 たとえば, 私は家で2時間ピアノを練習します。

結論 My favorite season is winter.

訳 私のお気に入りの季節は冬です。

理由 I like winter sports. 訳 私は冬のスポーツが好きです。

例・経験 I often go snowboarding with my family.

訳 私はしばしば家族とスノーボードをしに行きます。

Let's Try! 即興スピーチに挑戦しよう。

■日本語訳を参考にしてみよう。

> My best memory is the chorus contest.
> It's the experience that I have ever tried the hardest.
> We practiced many times and won the first prize.

日本語訳

私のいちばんの思い出は合唱コンクールです。
それは私が今までいちばん一生懸命に努力した経験です。
私たちは何回も練習し，1等賞を獲得しました［優勝しました］。

カードの「お題」

● My favorite sport
  訳 私のお気に入りのスポーツ

● The place I want to visit
  訳 私が訪れたい場所

● Plans for the weekend
  訳 週末のための計画

● School lunches are better than boxed lunches.
  訳 給食はお弁当よりもいいです。

● Junior high school students should read more books.
  訳 中学生はもっと多くの本を読むべきです。

語句 boxed lunch　名 弁当

Goal 英語で卒業スピーチをしよう！

■日本語訳を参考にしてみよう。

→教科書 p.78

2 "My ..." というテーマで英語のスピーチをすることになりました。あなたは具体的にどんなテーマで取り組むか，例を参考にして決めよう。

> **テーマ例**
>
> • My Happy School Days 　　　訳 私の楽しい学生時代
> • My Good Friends 　　　　　　訳 私の親しい友人たち
> • My Opinions 　　　　　　　　訳 私の意見
> • My Dream 　　　　　　　　　訳 私の夢
> • My Feelings about Our Class 　訳 私たちのクラスについての私の気持ち
> 　　　　　気持ち

→教科書 p.79

5 スピーチをしよう。

●友達のスピーチについて質問したり，感想を述べたりしよう。

例 Now I know that Sayaka was busy when she was the captain of the basketball team. She didn't tell us, but it was a big job. She is very good at playing basketball, and I hope she will enjoy playing basketball in high school.

日本語訳

　今では私は，サヤカがバスケットボールチームのキャプテンだったとき忙しかったことを知っています。彼女は私たちには言いませんでしたが，それは大仕事でした。彼女はバスケットボールをすることがとてもじょうずなので，私は彼女が高校でバスケットボールをして楽しむといいなと思っています。

後置修飾と関係代名詞のまとめ

■後置修飾 (Lesson 3) と関係代名詞 (Lesson 4) について復習しよう。

1. 名詞をうしろから説明する語句

〈動詞の -ing 形＋語句〉

Look at the boy playing tennis over there.　訳 あそこでテニスをしている少年を見なさい。

The dog sleeping under the tree is Taro's.　訳 木の下で眠っているイヌはタロウの(イヌ)です。

〈動詞の過去分詞形＋語句〉

My father has two cars made in England.

訳 私の父はイギリスでつくられた［イギリス製の］自動車を２台持っています。

The language spoken in Mexico is Spanish.

訳 メキシコで話され(てい)る言語はスペイン語です。

〈主語＋動詞〜〉

This is a picture I painted three years ago.　訳 これは私が３年前に描いた絵です。

The present my father gave me was a nice camera.

訳 父が私にくれたプレゼントはすてきなカメラでした。

〈関係代名詞 (who, which, that)＋語句〉

Soseki was the novelist who wrote *Botchan*.　　＊ who 〜 は人を説明します。

訳 漱石は『坊っちゃん』を書いた小説家でした。

Taro has a cat which has a long tail.　　＊ which は人以外を説明します。

訳 タロウは長いしっぽをした［しっぽの長い］ネコを飼っています。

The book that I read yesterday was very interesting.　＊ that も人以外を説明します。

= The book I read yesterday was very interesting.

訳 私が昨日読んだ本はとてもおもしろかったです。

2. 文の書きかえ

後置修飾→後置修飾

• The language **spoken** in Australia is English.　　〈動詞の過去分詞形＋語句〉

= The language they speak in Australia is English.　　〈主語＋動詞〜〉

訳 オーストラリアで話され(てい)る言語は英語です。

後置修飾→関係代名詞 (who, which, that)

• The present my father gave me was a nice camera.　　〈主語＋動詞〜〉

= The present **which [that]** was given to me by my father was a nice camera.

訳 父が私にくれたプレゼントはすてきなカメラでした。

ドギーバッグについてディベートする

Have a debate and express your opinion!
ディベートをしてあなたの意見を表現しましょう。

Have you ever had a debate with your friends?
あなたは今までに友人たちとディベートをしたことがありますか。

□ debating ＜ **debate** ［ディベイティング ＜ ディベイト］

    debate（名 ディベート，討論（会）／動 （問題など）を議論する）の -ing 形

    doggy bag(s) ［ドーギ／バグ（ズ）］　名 持ち帰り袋

➡教科書 p.82

Part 1

 Goal ディベートのテーマを理解して，意見を持とう。

    英語の授業で，ドギーバッグについて話しています。

Ms. King: ❶ Has anyone ever asked for a doggy bag in a restaurant?

  Aya: ❷ A doggy bag?

Ms. King: ❸ Yeah, a doggy bag. ❹ You ask for a doggy bag or box to take home leftovers, usually for a pet dog.

  Aya: ❺ Oh, I see! ❻ My family ate out last weekend, and we asked for one. ❼ It was for us, though.

日本語訳

キング先生：❶だれか，今までにレストランでドギーバッグを頼んだことがありますか？

アヤ：❷ドギーバッグですか？

キング先生：❸ええ，ドギーバッグです。❹ふつうはペット犬のためのものですが，残りものを家に持ち帰るためにドギーバッグや箱を頼むのです。

アヤ：❺あっ，わかりました！　❻この前の週末に私の家族は外食して，私たちはそれを頼みました。❼でも，それは自分たち用でしたが。

解説

❶「今までに(ever)〜したことがありますか」という現在完了(経験用法)の疑問文です。anyone は「だれか」，ask for 〜 は「〜を求める［頼む］」という意味です。

❸Yeah は Yes のくだけた言い方です。

❹You はアヤをさしているのではなく，「(一般に)人は(だれでも)」という意味で使われています。to take 〜 は「〜を持って行くために」という目的を表す不定詞です。take home leftovers は「残りものを家に持ち帰る」ということで，take leftovers home とも言えます。usually for a pet dog は「ふつうはペット犬のために(残りものを家に持ち帰る)」という意味です。

❺I see! は「わかりました」「そうですか」などを意味するあいづちです。

❻ate は eat の過去形です。ate out で「外食した」という意味を表します。asked for one の one は a doggy bag と言いかえられます。

❼though は「けれども」で，文頭や文中でも使われます。But it was for us. と言ってもほぼ同じです。for us (私たちのために，私たち用に) は，「イヌにあげるためではなく自分たちが家で食べるために」ということです。

Words & Phrases

□ take home 〜　　　　　　　〜を家に持ち帰る
□ leftover(s)［レフトウヴァ(ズ)］　名 残りもの
□ **though**［ゾウ］　　　　　　　副 けれども

Kenta: ❶ My father is a chef and runs a restaurant. ❷ Customers ask for doggy bags, but he always declines. ❸ He's afraid the food might spoil and make someone sick. ❹ If that happened, his restaurant might have to close.

Bob: ❺ Customers should be careful. ❻ If the food spoils, it's their responsibility.

Mei: ❼ The doggy bag is a good system. ❽ It could be a solution to food waste.

Ms. King: ❾ It's important to think about issues from different perspectives. ❿ Let's hold a doggy bag debate next class.

日本語訳

ケンタ：❶ぼくの父はシェフでレストランを経営しています。❷お客はドギーバッグを頼みますが，彼はいつも断ります。❸彼は，食べものが腐って，だれかを病気にするかもしれないと恐れているのです。❹もしそんなことが起こったら，彼のレストランは閉めなければならなくなるかもしれません。

ボブ：❺お客は気をつけるべきだね。❻もしその食べものが腐れば，それは彼らの責任だもの。

メイ：❼ドギーバッグはよいシステムです。❽それは食品廃棄の解決策になるかもしれません。

キング先生：❾異なる視点から問題について考えることが大切ですね。❿次の授業でドギーバッグのディベートを行いましょう。

解説

❶この文の run は「～を経営する」という意味です。

❷decline は「断る」という意味です。ケンタの父親が経営するレストランではドギーバッグを用意していないのです。その理由は次の文に書かれています。

❸He's afraid (that) ～. は「彼は～ということを恐れている」という意味です。He's は He is の短縮形です。the food (その食べもの)は，客が残して家に持ち帰りたいと思っている食べものをさします。might は「～かもしれない」，spoil は「腐る」，make someone sick は〈make ＋ 人＋形容詞〉の形で「(人)を～(の状態)にする」を表します。形容詞の sick は「病気の」という意味です。

❹If that happened の that (そのこと) は，「持ち帰った食べものが腐って，食べた人が病気になること」をさします。happened と過去形になっているのは，「そのようなことはあり得ないが，もし起こったら」という仮定を表しています (仮定法過去)。might have to ～ は「～

しなければならなくなるかもしれない」，close は「～を閉じる，閉店する」という意味です。

❺should be ～ は「～であるべきだ」という義務を表します。

❻この If ～ では spoils と現在形が使われています。ですから仮定法の文ではなく，単に「～なら」と言っているだけです。it's の it は「食べものが腐ること」をさしています。

❽It は「ドギーバッグ」をさします。could は can の過去形ですが，ここでは「～できた」ではなく，「～かもしれない」という可能性を表しています（might よりも可能性は低い）。a solution to ～ は「～の解決策」，food waste は「食品廃棄（物）」という意味です。

❾It's ～ to think about .... は「…について考えることが～だ」，issues は「問題」，from different perspectives は「異なる視点から」という意味です。

❿hold は「～を開く［行う］」という意味で，have と言いかえられます。

📖 Words & Phrases

□ decline(s) [ディクライン(ズ)] 動 断る
□ spoil [スポイル]　　　動 腐る
□ responsibility [ゥリスパンスィビリティ]　名 責任
□ system [スィスティム] 名 システム

□ solution [ソルーション] 名 解決策
□ waste [ウェイスト]　　名 廃棄物
　food waste　　　　食品廃棄（物）
□ issue(s) [イシュー(ズ)] 名 問題
□ perspective(s) [パスペクティヴ(ズ)] 名 視点

📖 Question

What does Mei think about the doggy bag?

訳 メイはドギーバッグについてどう考えていますか。

ヒント ❼（と❽）の文に，メイの考えが述べられています。

解答例 She thinks that the doggy bag is a good system (and that it could be a solution to food waste). （彼女は，ドギーバッグはよいシステム（で，それは食品廃棄の解決策になるかもしれない）と考えています）

🗨 Think & Try!

次の質問に，2 文以上で自由に答えてみよう。

Have you or your family ever asked for a doggy bag in a restaurant?

例 Yes, we have. When my family had lunch at a Chinese restaurant, my mother asked for one to take our leftovers home. I don't think it's good to leave the food we have ordered.

日本語訳

あなたかあなたの家族は今までにレストランでドギーバッグを頼んだことがありますか。

例 はい，あります。私の家族が中華料理店で昼食を食べたとき，母は残りものを家に持ち帰るためにそれを頼みました。私は，私たちが注文した食べものを残すのはよいことだと思いません。

131

➡教科書 p.84

Part 2

Goal 自分の意見を理由とともに言ったり，相手に質問したりしよう。

ドギーバッグ賛成派と反対派に分かれて，ディベートをします。まず，賛成派が意見を述べます。

論題

❶ First, the resolution: "All restaurants in Japan should introduce the doggy bag system." ❷ The first speaker from the affirmative side, please begin.

賛成派の意見

❸ Sure. ❹ All restaurants in Japan should introduce doggy bags. ❺ We have two points: "food loss" and "family budget."

❻ First, "food loss." ❼ Government research reports over six million tons of food is lost yearly. ❽ Reducing this loss is possible if we take leftovers home from restaurants.

❾ Second, "family budget." ❿ An average family spends about 290,000 yen a month, and about 80,000 yen is used for food. ⓫ That is about 890 yen per meal. ⓬ Doggy bags can reduce the family budget. ⓭ That's all.

日本語訳

❶ まず，論題は「日本のすべてのレストランはドギーバッグのシステムを導入すべきだ」です。❷ 賛成派の最初に話す人，どうぞ始めてください。

❸ わかりました。❹ 日本のすべてのレストランはドギーバッグを導入すべきです。❺ ぼくたちには2つの要点があり，それは「食品ロス」と「家計」です。

❻ まず，「食品ロス」です。❼ 政府の調査は，600万トン以上の食べものが毎年失われていると報告しています。❽ もし私たちがレストランから残りものを家に持ち帰れば，この損失を減らすことは可能です。

❾ 2つ目に，「家計」です。❿ 平均的な家族は1か月に約29万円を使い，約8万円が食べもののために使われます。⓫ それは1回の食事につき約890円です。⓬ ドギーバッグは家計を減らすことができます。⓭ 以上です。

解 説

❶resolution は「論題」, introduce はここでは「～を導入する」という意味です。

❷affirmative side は「肯定の側」つまり「賛成派」を表します。

❺point は「(話の)要点, 考え, 意見, 主張」などを表す語です(Lesson 7 では「要点」と訳しておきます)。food loss (食品ロス)はふつう, 食べられる状態なのに捨てられる食品をさします。つくり過ぎ, 売れ残り, 食べ残し, 期限切れなどでごみとして捨てられる食品のことです。

❼Government research reports (that) ～ . は「政府の調査は～ということを報告している」という意味です。that のあとでは, over six million tons of food (600万トン以上の食べもの)が主語になっています。is lost は「失われ(てい)る」という受け身です(lost は lose の過去分詞形)。yearly は, ここでは「毎年」の意味です。

❽「もし～すれば…することは可能(possible)だ」という文です。主語は Reducing this loss (この損失を減らすこと)で, Reducing は動名詞です。

❿2つの文が and で結ばれています。前半は「平均的な家庭は～を使う」, 後半は「約8万円が～のために使われる」という受け身の文です。a month は「1か月につき」で, per month と同じです。つまり, 前半では1か月に使う金額, 後半ではそのうち食費に使う金額が示されています。

⓫8万円を90(一日3食×30日)で割ると888.888…(円)となり, 平均的な家庭では1食平均約890円を使っていることになります。

Words & Phrases

□ resolution［ゥレゾルーション］ 名論題

□ speaker［スピーカー］ 名話者

□ affirmative［アファーマティヴ］ 形肯定の

□ loss［ロース］ 名損失

　food loss 名食品ロス

□ budget［バヂェト］ 名生活費, 予算

　family budget 家計

□ research［ゥリサーチ］ 名調査

□ ton(s)［タン(ズ)］ 名トン

□ lost ＜ **lose**［ロースト ＜ ルーズ］

　　動 lose (～をなくす, 失う)の過去分詞形

□ **possible**［パスィブル］ 形可能な

　290,000 = two hundred ninety thousand

　80,000 = eighty thousand

　that is　　すなわち, つまり

□ **meal**［ミール］ 名食事

　That's all.　以上です。

➡教科書 p.85

反対派からの質問

❶Questions from the negative side.

❷What is the difference between food loss and food waste?

❸Food loss is defined as "discarded food that can be eaten." ❹Food waste means "unused food discarded in the process of preparing food." ❺It also includes stored food that has spoiled.

❻Thank you. ❼That's all.

日本語訳

❶反対派からの質問をどうぞ。

❷食品ロスと食品廃棄の違^{ちが}いは何ですか？

❸食品ロスは「食べられる（のに）廃棄された食べもの」と定義されます。❹食品廃棄は「食べものを準備する過程で廃棄された, 使われない食べもの」を意味します。❺それは腐った保存食品も含^{ふく}みます。

❻ありがとうございます。❼以上です。

解 説

❶negative は affirmative（肯定の）の反対語で「否定の」を表します。negative side で「反対派」ということです。

❷the difference between ～ and ... は「～と…の間の違い」という意味です。

❸「～と定義される」という受け身の文です。define は「～と定義する」, as は「～のように」という意味です。discarded food that ～ では, 関係代名詞 that 以下が, 前の名詞 discarded food をうしろから説明しています。discarded food は「廃棄された食べもの」, can be eaten は受け身で「食べられることができる」→「食べられる」ということです。

❹unused food discarded in the process of preparing food では, discarded 以下（過去分詞

＋語句）が前の名詞 unused food をうしろから説明しています。直訳すると「食べものを準備する過程で廃棄された，使われない食べもの」となりますが，要するに「食品の製造から消費の間で廃棄される食品全体」をさします。具体的には，肉や魚の骨のような食べられない部分，食品を製造・加工するときに生じる不要なもの，腐って食べられなくなったもの，家庭から出る生ごみなどを含みます。

参考 food loss を food waste の一部とする考え方もあります。2つの区別はあいまいなので，英語では food loss and waste ということばがよく使われます。

❺includes は「〜を含む」という意味です。stored food that 〜 では，関係代名詞 that 以下が前の名詞 stored food「保存された食べもの（保存食品）」をうしろから説明しています。「腐ってしまった保存された食べもの」→「（倉庫や冷蔵庫の中で）保存中に腐ってしまった食べもの」ということです。has spoiled は現在完了（完了用法）です。

📘 Words & Phrases

□ negative［ネガティヴ］ 形 否定の

□ **side**［サイド］ 名 側

□ define(d)［ディファイン（ド）］
　　　　　　　　　　　　動 〜と定義する

□ discard(ed)［ディスカード（ディスカーディド）］
　　　　　　　　　　　　動 〜を廃棄する

□ eaten < eat［イートン < イート］
　　　　　動 eat（〜を食べる）の過去分詞形

□ unused［アニューズド］ 形 使われていない

□ process［プラセス］ 名 過程

□ preparing < **prepare**
　　　［プリペアリング < プリペア］
　　　　　　動 prepare（〜を準備する）の動名詞

□ **include(s)**［インクルード（インクルーズ）］
　　　　　　　　　　　　　　動 〜を含む

▶ store 動 〜を保存する

📖 Question

What is food loss?

訳 食品ロスとは何ですか。

ヒント ❸の文に food loss のことばの定義が述べられています。

解答例 It is discarded food that can be eaten.
　　　　　（それは食べられる（のに）廃棄された食べものです）

Useful Expressions

司会をするとき
・Let's discuss 〜.　　　　　　　　〜について討論しましょう。
・It's your turn.　　　　　　　　　あなたの番です。
・Would you please explain the reason?　理由を説明していただけますか。
話し終えるとき
・That's all.　　　　　　　　　　　以上です。
・Thank you.　　　　　　　　　　　ありがとうございました。

Part 3　**Goal**　自分の意見を理由とともに言ったり，相手に質問したりしよう。

次に，反対派が意見を述べます。

❶ The first speaker from the negative side.

反対派の意見

❷ We strongly disagree that all the restaurants in Japan should introduce the doggy bag system, from the point of view of "food poisoning" and "cost."

❸ First, "food poisoning." ❹ It's very hot and humid from May to September in Japan, so food spoils quickly. ❺ Also, eating spoiled food can cause food poisoning.

❻ Second, "cost." ❼ If restaurants provided doggy bags, the price of food would become higher. ❽ That's all.

日本語訳

❶反対派の最初に話す人，どうぞ。

❷ぼくたちは，「食中毒」と「費用」の観点から，日本のすべてのレストランがドギーバッグのシステムを導入すべきだということに強く反対します。

❸まず，「食中毒」です。❹日本の5月から9月はとても暑く，湿度が高いので，食べものはすぐに腐ります。❺さらに，腐った食べものを食べることは，食中毒を引き起こしかねません。

❻2つ目に，「費用」です。❼もしレストランがドギーバッグを提供したら，食べものの値段はもっと高くなるでしょう。❽以上です。

解説

❷strongly disagree that ～ は「～ということに強く反対する」，point of view は「視点，観点，考え方」という意味です。view of ～ の of は「～という」を表します。poisoning は「中毒」（poison は名詞で「毒」の意味），cost は「費用」という意味です。

❹It は天候などを表すときに使う主語で，「それは」とは訳しません。humid は「湿度の高い，湿った，むしむしする」を表す形容詞です。so は「それで，ですから」と結果を表す接続詞で

す。❹の文は，Food spoils quickly because it's very hot and humid from May to September in Japan. と言いかえることができます。

❺主語は eating spoiled food（腐った食べものを食べること），動詞の cause は「～を引き起こす」という意味です。

❼〈If + 主語＋動詞の過去形～，主語 + would ....〉という仮定法過去の文です。If ～ の部分に provided（provide「～を提供する」の過去形）が使われているのは，「(そのようなことはないだろうが) もし～を提供したら」と，実現する可能性が (ほとんど) ない仮定を表しているからです。higher は high（高い）の比較級です。become higher で「もっと（値段が）高くなる」という意味になります。

📖 Words & Phrases

□ strongly［ストローングリ］　　　　　　　　副 強く

　food poisoning［フード／ポイズニング］　名 食中毒

□ cost［コースト］　　　　　　　　　　　　　名 費用

□ humid［ヒューミド］　　　　　　　　　　　形 湿度の高い

□ provide(d)［プロヴァイド（プロヴァイディド）］動 ～を提供する

□ price［プライス］　　　　　　　　　　　　　名 価格

Useful Expressions

相づちを打つとき

・You're right.	そうですね。
・I see.	そうですね。／なるほど。
・Got it.	わかりました。
・That's a good point.	それはいい考えです。／その通りです。
・Exactly.	その通りです。

137

賛成派からの質問

❶ Questions from the affirmative side.

 ❷ How many people get sick from food poisoning?

❸ Over 10,000 people per year get food poisoning, according to government research.

 ❹ Thank you.

◯ 日本語訳

❶賛成派からの質問をどうぞ。

❷どれだけの人が食中毒で病気になるのですか？

❸政府の調査によれば，年間1万人以上が食中毒になります。

❹ありがとうございます。

◯ 解 説

❷How many ～ ? は「数」をたずねる文です。get sick は「病気になる」，from ～ は原因を表し，「～で」という意味です。

❸主語は Over 10,000 people per year（1年につき［年間］1万人以上の人々）です。according to ～ は「～によれば」という意味でしたね。

Words & Phrases

10,000 = ten thousand ［テン／**サ**ゥザンド］

Question

What causes food poisoning?

訳 何が食中毒を引き起こしますか。

ヒント 教科書 p.86の9～10行目を参考にして答えましょう。質問の What は主語なので，〈主語 + does.〉の形で答えましょう。

解答例 Eating spoiled food does.
（腐った食べものを食べることです）／
Spoiled food does.
（腐った食べものです）

Practice ✎

Part 4 Goal 相手の意見に反論し，自分の意見をまとめよう。
賛成派と反対派が，それぞれ最後のスピーチをします。

賛成派の意見のまとめ

❶ Now the final speech from the affirmative side.

❷ First, let me respond to the other side's points. ❸ Food poisoning bacteria grow between 5 and 60 degrees centigrade. ❹ If we store our leftovers in the refrigerator immediately when we get home, the risk will be reduced.

❺ And about "cost." ❻ Customers can bring their own doggy bags or pay extra for one.

❼ Food loss is a serious problem. ❽ So, we strongly believe that all restaurants in Japan should allow doggy bags.

日本語訳

❶では賛成派からの最後のスピーチをどうぞ。

❷まず，反対派の要点に対して答えさせてください。❸食中毒のバクテリアはセ氏5度から60度の間で成長します。❹もし私たちが家に帰ってすぐに食べ残しを冷蔵庫に保存すれば，危険は減るでしょう。

❺それから「費用」についてです。❻お客は自分自身のドギーバッグを持ってくるか，あるいはそれに対して余分に支払うことができます。

❼食品ロスは深刻な問題です。❽ですから，私たちは，日本のすべてのレストランはドギーバッグを許可すべきだと強く信じます。

解説

❷let me ～ は「私に～させてください」, the other side's points は「もう一方の側の要点」→「反対派の要点」で, the other は2つのうちの「他方」を表します。

❸主語の Food poisoning bacteria は「食中毒の[を引き起こす]バクテリア」, between ～ and ... は「～と…の間で」, ～ degrees centigrade は「セ氏～度」という意味です。

❹If ～ when ... は「もし…するときに～すれば」, store ～ in ... は「～を…に保存する」, immediately は「すぐに」という意味です。reduce は「減少させる」という動詞なので, the risk will be reduced という受け身は「危険は減少されるでしょう」→「危険は減るでしょう」という意味になります。

❻can bring ～ or pay ... は「～を持ってくるか, あるいは…を支払うことができる」ということです。文末の one は a doggy bag をさすので, pay extra for one で「ドギーバッグに対して余分に支払う」→「ドギーバッグの代金を余分に支払う」という意味になります。

❽strongly believe that ～ は「～ということを強く信じる」, allow は「～を許可する」という意味です。allow [アラウ]の発音に注意しましょう。

Words & Phrases

□ **speech** [スピーチ]	名	スピーチ, 演説
□ respond [ゥリスパンド]	動	答える
□ bacteria [バクティアリア]	名	バクテリア, 細菌<ruby>さいきん</ruby>
□ centigrade [センティグレイド]	形	(温度が)セ氏の
□ refrigerator [ゥリフリヂャレイタ]	名	冷蔵庫
□ immediately [イミーディエトリ]	副	すぐに
□ **risk** [ゥリスク]	名	リスク
□ **pay** [ペイ]	動	支払う
□ extra [エクストラ]	副	余分に
□ allow [アラウ]	動	～を許可する

Useful Expressions

根拠<ruby>こんきょ</ruby>を述べるとき

・According to ～	～によると
・For example	例えば
・First, ～. Second, ～. Third, ～.	第1に～。第2に～。第3に～。
・For these reasons	これらの理由で
・Thus	だから

➡️教科書 p.89

反対派の意見のまとめ

❶ The final speech from the negative side.

❷ Let us respond to your points. ❸ First, regarding "food loss," most people don't often eat out. ❹ Thus, doggy bags don't reduce food loss very much. ❺ The same can be said about your second point, "family budget."

❻ Also, we can get food poisoning even if we wash our hands and use the refrigerator.

❼ For these reasons, we strongly disagree with the resolution.

❽ Thank you.

❾ Thank you so much, both sides.

日本語訳

❶反対派からの最後のスピーチをどうぞ。

❷あなたたちの要点に対して，私たちに答えさせてください。❸まず，「食品ロス」についてですが，ほとんどの人はそれほど多くは外食しません。❹したがって，ドギーバッグは食品ロスをそれほど減らしません。❺同じことが，あなたたちの２番目の要点である「家計」について言えます。

❻さらに，私たちがたとえ手を洗ったり冷蔵庫を使ったりしても，食中毒になることがあります。

❼これらの理由で，私たちはその論題に強く反対します。❽ありがとう。

❾どうもありがとう，両派の皆さん。

解 説

❷Let us respond to ～ . は「～に対して，私たちに答えさせてください」という意味で，respond は answer よりも堅い語です。

142

❸regarding ～ は「～について」，don't often ～ は「しばしば～するわけではない，それほど多くは～しない」，eat out は「外で食べる」→「外食する」という意味です。

❹Thus は「したがって，だから」という意味で，So よりも堅い語です。don't ～ very much は「あまり［それほど］～しない」ということです。

❺「～について言われることができる」という受け身の文です。訳すときは「～について言うことができる」とすればよいでしょう。The same（同じこと）は，「ドギーバッグは食品ロスをそれほど減らさないということ」をさします。❺の文＝ We can say the same about your second point, "family budget." 「私たちはあなたたちの2番目の要点である『家計』について，同じことを言うことができます」

❻even if ～ は「たとえ，～としても」という意味です。

📖 Words & Phrases

□ regarding ［ゥリガーディング］　前 ～について
□ thus ［ザス］　副 したがって
□ even if ～　たとえ～としても
□ disagree with ～　～に反対です

📖 Question

According to the negative side, why don't doggy bags reduce food loss very much?

訳 反対派によれば，ドギーバッグはなぜ食品ロスをそれほど減らさないのですか。

ヒント ❸の文の後半に答えが書かれています。

解答例 Because most people don't often eat out.
（ほとんどの人はそれほど多くは外食しないからです）

✳ Think & Try!

ドギーバッグ賛成派と反対派のどちらの意見がよかったか，次の文の形で言ってみよう。

I like the opinions by the (affirmative / negative) side better.
They said "_____."
I strongly agree with this opinion.

日本語訳

私は（賛成／反対）派による意見のほうが好きです。
彼らは「_____」と言いました。
私はこの意見に強く賛成します。

Goal ディベートをしよう！　〜 Boxed Lunches vs. School Lunches 〜
「お弁当」対「給食」

■日本語訳を参考にしてみよう。

1 以下の英文を読んで，証拠資料として使える部分に線を引こう。

> School lunches are good for your health.　You have to eat vegetables even if you don't like them.

Mr. Kato, school teacher

訳 給食は健康によいものです。たとえ野菜が好きでなくても，それらを食べなければなりません。
加藤さん，学校教師

▶ have to 〜「〜しなければならない，〜する必要がある」，even if 〜「たとえ〜としても」，them = vegetables

> You can eat something hot such as soup or udon.　You don't like cold curry and rice, do you?

Ms. Yamada, school lunch cook

訳 スープやうどんのような温かいものを食べることができます。皆さんは冷たいカレーライスは好きではないですよね。
ヤマダさん，給食調理師

▶ something hot「（何か）温かいもの」，You don't 〜 , do you?「あなたは〜しないですよね。」

> School lunches are convenient and nutritious.　You can eat a well-balanced meal every day.

Ms. Kinoshita, dietician

訳 給食は便利で栄養があります。毎日，バランスのよい食事を食べることができます。
キノシタさん，栄養士

▶ convenient「便利な」，nutritious「栄養のある」，well-balanced「バランスのとれた，バランスのよい」

If you bring a boxed lunch, you don't have to eat foods that you don't like. You can choose what to eat. You have the right.

Mr. Takeda, citizen group leader

訳 もしお弁当を持ってくれば，好きではない食べものを食べる必要がありません。何を食べるか，選ぶことができます。皆さんにはその権利があります。

タケダさん，市民団体リーダー

▶ don't have to 〜「〜する必要がない，〜しなくてよい」，foods that you don't like「あなたが好きではない食べもの」，what to eat「何を食べるか，食べるもの」，right「権利」

I'm very busy every morning because I have to make my daughter's boxed lunch before I leave for work.

Ms. Kobayashi, mother

訳 私は仕事に出かける前に娘のお弁当をつくらなければならないので，毎朝とても忙しいのです。

コバヤシさん，母親

▶ leave for work「仕事に向かって出発する」→「仕事に出かける」

Serving school lunch takes time. If you have a boxed lunch, you can save time and have a longer lunch break.

Inoue Takuya, student

訳 給食を出すことは時間がかかります。もしお弁当を持っていれば，時間を節約し，もっと長い昼休みをとることができます。

イノウエタクヤ，学生

▶ Serving school lunch「給食を出すこと」，save「〜を節約する」，longer「より長い」，lunch break「昼食の小休止」→「昼休み」

145

Reading ②

My Prayer for Peace　平和への私の祈り

広島市に住んでいる中学３年生の悠人が，中学生スピーチ・コンテストに参加することになりました。

➡教科書 p.92

1

❶Hello, everyone. ❷I am Koyama Yuto from Hiroshima. ❸What is the most important thing in the world? ❹Wealth? ❺Health? ❻Love? ❼These things are surely very important, but there is one thing that might be basic to them all. ❽That is peace. ❾Today I'd like to talk about three topics involving teenagers like you and me. ❿I hope my speech will make you think about peace.

⓫Have you ever been to Hiroshima? ⓬If you have a chance to visit, please take a tram. ⓭There are six tramlines, and the network is actually the longest and most used in Japan. ⓮There are nearly 300 tram cars, and many of them are from other cities like Kyoto and Kobe. ⓯Hiroshima trams will take you to many interesting places such as Miyajima, Hiroshima Castle, and Peace Memorial Park.

日本語訳

❶皆さん，こんにちは。❷ぼくは広島出身の小山悠人です。❸世界でいちばん大切なものは何でしょうか？ ❹富ですか？ ❺健康ですか？ ❻愛ですか？ ❼これらのものは確かにとても大切ですが，それらすべての基本であるかもしれないものが１つあります。❽それは平和です。❾今日，ぼくは皆さんやぼくのようなティーンエージャーに影響を与える３つのトピックについて，お話ししたいのです。❿ぼくのスピーチによって，皆さんが平和について考えるようになることを願っています。

⓫皆さんは今までに広島に行ったことがありますか？ ⓬もし訪れる機会があれば，どうぞ路面電車に乗ってください。⓭路面電車の路線は６つあり，その路線網は実は日本でいちばん長く，いちばん多く使われています。⓮路面電車はほぼ300台あり，それらの多くは京都や神戸のようなほかの都市からのものです。⓯広島の路面電車は，宮島や広島城や平和記念公園のような多くの興味深い場所に皆さんを連れて行くでしょう。

146

解説

❼ one thing that ～ では，関係代名詞 that 以下が前の名詞 one thing をうしろから説明しています。全体で「それらすべての基本（basic to them all）であるかもしれない（might be）1つのもの」という意味になります。

❾ three topics involving ～ では，involving 以下が前の名詞 three topics をうしろから説明しています。「～に影響を与える3つのトピック」ということです。teenagers like ～ は「～のようなティーンエージャー（13～19歳までの若者）」で，like は前置詞です（⓮の like も同じ）。

❿ 〈make ＋ 人＋動詞の原形〉で「(人)に～させる」という意味を表します。「私のスピーチがあなたたちに平和について考えさせる」とは，「私のスピーチによってあなたたちが平和について考えるようになる」ということです。

⓫ 「今までに～したことがありますか」という現在完了（経験用法）の疑問文です。have been to ～ は「～に行ったことがある」という過去の経験を表します。

⓬ a chance to visit ～ は「～を訪れる（ための）機会」で，to visit は不定詞の形容詞的用法です。

⓭ the longest and most used は「最も長く，最も多く使われている」で，most は much の最上級です。

⓯ 〈take ＋ 人 ＋ to ～ 〉は「(人)を～に連れて行く」，places such as ～ は「（たとえば）～のような場所」という意味です。

Words & Phrases

□ prayer ［プレア］　　　名 祈り
□ wealth ［ウェルス］　　名 富，財産
□ surely ［シュアリ］　　副 確かに
□ involving ＜ involve
　［インヴァルヴィング ＜ インヴァルヴ］
　　　　　　動 involve（～に影響を与える）
□ teenager(s)［ティーネイヂャ（ズ）］
　　　　　名 ティーンエージャー
　　　　　（13歳から19歳までの少年少女）

□ tram ［トラム］　　　　名 路面電車
□ tramline(s)［トラムライン（ズ）］
　　　　　　　　　　　名 路面電車の路線
□ network ［ネトワーク］名 路線網
□ nearly ［ニアリ］　　　副 ほぼ
□ memorial ［メモーリアル］形 記念の
　Hiroshima Castle　　名 広島城
　Peace Memorial Park　名 平和記念公園

Question

According to Yuto, what is the most important thing in the world?

訳 悠人によれば，世界でいちばん大切なものは何ですか。

ヒント ❹～❽の文を参考にして答えてみましょう。

解答例 It is peace.
　　　（それは平和です）

2

❶In fact, Hiroshima trams are interesting in themselves, because they are a symbol of reconstruction from the atomic bomb. ❷The bomb was dropped on Hiroshima on August 6, 1945. ❸The city and the tram network were destroyed in an instant. ❹Amazingly, some trams started to run just three days after the bomb. ❺The tram conductors were school girls of our age! ❻Three of the trams which survived the bomb are still in service.

❼There is a manga based on Hiroshima trams and the tram workers. ❽It is called *A Story of a Girl Who Survived the Atomic Bomb*. ❾This manga shows the strength of people when they try to recover from severe difficulty.

日本語訳

❶事実, 広島の路面電車はそれ自体で興味深いものです, なぜならそれらは原子爆弾からの復興のシンボルだからです。❷その爆弾は1945年8月6日に広島に落とされました。❸都市と路面電車の路線網は一瞬にして破壊されました。❹驚くべきことに, 何台かの路面電車は爆弾のわずか3日後に走り始めました。❺路面電車の車掌たちはぼくたちの年齢の女子学生たちでした!❻爆弾を生き延びた3台の路面電車がまだ正常に動いています。

❼広島の路面電車と路面電車の労働者に基づいたマンガがあります。❽それは『原爆に遭った少女の話』と呼ばれています。❾このマンガは, ひどい困難から立ち直ろうとするときの人々の強さを示しています。

解説

❶In fact は「事実, 実際に」, in themselves (それら[路面電車] 自体で) には,「多くの興味深い場所に連れて行くだけでなく」という意味が込められています。reconstruction from ～ は「～からの復興」(construction は「建設」) という意味です。

❷「落とされた」という受け身の文です。

❸「破壊された」という受け身の文です。in an instant は「一瞬にして」という意味です。

❹Amazingly は「驚くべきことに」, just three days after ～ は「～のわずか3日後に」, after the bomb (爆弾のあと) は「原爆が落とされたあと」ということです。

❺school girls of our age は「私たちの年齢の女子学生」とは, 悠人などと同じ年齢の女子学生をさします。「ぼくたちくらいの年齢の女子学生」と訳すこともできます。

❻the trams which survived the bomb では, 関係代名詞 which 以下が前の名詞 the trams

をうしろから説明しています。survive は「生き延びる，生き残る」という意味なので，the trams は原爆で破壊されなかった路面電車をさしていることがわかります。in service は「勤務中で」→「(輸送機関などが) 正常に動いて」という意味です。

❼a manga based on 〜 では，〈過去分詞＋語句〉が前の名詞 a manga をうしろから説明しています。based on 〜 で「〜に基づいた，〜を基にした，〜を扱った」ということです。

❽「呼ばれている」という受け身の文です。

❾the strength of people when 〜 は「〜ときの人々の強さ」，recover from 〜 は「〜から立ち直る[回復する]」という意味です。

📖 Words & Phrases

☐ **fact** [ファクト]	名 事実
☐ in fact	実際に
☐ reconstruction [ゥリーカンストラクション]	名 復興
☐ atomic [アタミク]	形 原子(力)の
☐ **drop(ped)** [ドラプ(ト)]	動 〜を落とす
☐ destroy(ed) [ディストロイ(ド)]	動 破壊する
☐ instant [インスタント]	名 瞬間
☐ in an instant	一瞬にして
☐ amazingly [アメイズィングリ]	副 驚くべきことに
☐ conductor(s) [カンダクタ(ズ)]	名 車掌
☐ in service	正常に動いて
☐ base(d) [ベイス(ト)]	動 基づく
☐ worker(s) [ワーカ(ズ)]	名 労働者
A Story of a Girl Who Survived the Atomic Bomb	名 『原爆に遭った少女の話』(作品名)
☐ strength [ストレンクス]	名 強さ
☐ recover [ゥリカヴァ]	動 立ち直る
☐ difficulty [ディフィカルティ]	名 困難

📖 Question

When did Hiroshima trams start to run after the atomic bomb?

訳 原子爆弾のあと，広島の路面電車はいつ走り始めましたか。

ヒント ❹の文に答えが書かれています。They を主語にして答えましょう。

解答例 They started to run just three days after the bomb.
（それらは爆弾のわずか３日後に走り始めました）

3

❶Have you ever heard of *In This Corner of the World*, or *Kono Sekai no Katasumi ni*, a manga by Kono Fumiyo? ❷There is also an animated film based on the manga. ❸This work shows us how people in Hiroshima lived during the war.

❹I watched the film some years ago, and was shocked at many scenes. ❺The main character, Suzu, loses her hand in a terrible accident, but she determines to face reality and carry on with her life. ❻I think this is shown by her decision to bring up a little girl who lost her family just after the atomic bomb.

日本語訳

❶皆さんは今までに『この世界の片隅(かたすみ)に』という，こうの史代(ふみよ)のマンガのことを聞いたことがありますか？　❷そのマンガに基づいたアニメーション映画もあります。❸この作品はぼくたちに，広島の人々が戦争中にどのように生きたかを教えてくれます。

❹ぼくは数年前にその映画を見て，多くの場面にショックを受けました。❺主人公のすずはひどい事故で片手を失いますが，彼女は現実と向き合って人生をがんばり通そうと決意します。❻ぼくは，このことは原爆の直後に家族を失った，ある幼い少女を育てるという彼女の決心によって示されていると思います。

解 説

❶「今までに〜したことがありますか」という現在完了（経験用法）の疑問文です。*In This Corner of the World* は英語のタイトルです。or は「すなわち」と言いかえるときに使います。a manga by 〜 は「〜によるマンガ」で，by は作者を表すときに使います。

❷an animated film based on 〜 では，based 以下が前の名詞 an animated film をうしろから説明しています。animated film は「アニメ化された映画，アニメーション映画」のことです。

❸この work は「作品」です。〈show ＋ 人 ＋ how 〜 〉で「(人)にどのように〜かを示す［教える］」の意味になります。how people in Hiroshima lived during the war は「広島の人々

が戦争中にどのように生きたか」ということです。

❹was shocked at 〜 は受け身で「〜にショックを受けた」という意味です。

❺過去のできごとが現在の文で書かれています。それは，できごとがまるで現在起こっているように生き生きと感じられるからです。terrible（ひどい）を terrific（すばらしい）と混同しないようにしましょう。determines to 〜 は「〜することを決意する」，face reality は「現実と向き合う」，carry on with 〜 は「〜をがんばり通す」という意味です。

❻I think（that）〜 .（私は〜だと思う）という文です。this（このこと）は「彼女が現実と向き合って人生をがんばり通そうと決意したこと」をさします。そしてその決意は，is shown by 〜（〜によって示されて［表されて］いる）と言っています。her decision to bring up 〜 は「〜を育てるという彼女の決心」，a little girl who lost 〜 は「〜を失ったある幼い少女」，just after 〜 は「〜の直後に」という意味です。長い文ですが，文全体の構成と語句のまとまりを正しくつかんで，確実に理解しましょう。

📖 Words & Phrases

□ film［フィルム］	名 映画
□ animated film	名 アニメーション映画
□ shocked［シャクト］	形 ショックを受けた
□ be shocked at 〜	〜にショックを受ける
□ **terrible**［テリブル］	形 ひどい
□ determine(s)［ディターミン(ズ)］	動 決意する
□ reality［ゥリアリティ］	名 現実
□ carry on with 〜	〜をがんばり通す
□ bring up 〜	〜を育てる

📖 Question

What does Suzu determine to do?

訳 すずは何をしようと決意しますか。

ヒント ❺の文の後半に答えが書かれています。

解答例 She determines to face reality and carry on with her life.
（彼女は現実と向き合って人生をがんばり通そうと決意します）

4

❶Barack Obama visited Hiroshima in 2016 and became the first sitting U.S. President to do so. ❷He made a speech then. ❸It started like this:

❹"Seventy-one years ago, on a bright cloudless morning, death fell from the sky and the world was changed."

❺The speech helped me realize the importance of peace again. ❻He visited the Hiroshima Peace Memorial Museum, and handed two origami cranes he made himself to elementary and junior high students there. ❼He entrusted his message to us.

日本語訳

❶バラク・オバマは2016年に広島を訪れ，そうした最初の現職アメリカ合衆国大統領となりました。❷彼はそのときスピーチをしました。❸それはこのように始まりました：

❹「71年前，明るい晴れわたった朝に，死が空から落ち，世界が変えられました」

❺そのスピーチは，ぼくが改めて平和の大切さを実感する助けになりました。❻彼は広島平和記念資料館を訪れ，自分でつくった2つの折り紙のツルを，そこにいた小学生と中学生の生徒に手渡しました。❼彼は彼のメッセージをぼくたちに委ねたのです。

解 説

❶the first sitting U.S. President to do so は「そうした（＝広島を訪れた）最初の現職アメリカ合衆国大統領」ということです。to do は前の名詞をうしろから説明する形容詞的用法の不定詞です。

❷made a speech は「スピーチをした」（＝ gave a speech），then（そのとき）は「2016年に広島を訪れたとき」をさします。

❸It は The speech と言いかえられます。like this は「この［次の］ように」ということです。

❹fell は fall（落ちる）の過去形，was changed は過去形の受け身で「変えられた」という意味です。

❺〈help ＋ 人＋動詞の原形〉で「(人) が～するのを助ける」という意味になります。realize は「～を実感する」，the importance of ～ は「～の重大さ［大切さ，重要性］」という意味です。

❻handed 〜 to ... は「〜を…に手渡した」という意味です。two origami cranes he made himself では，he made 〜 という〈主語＋動詞〜〉が前の名詞 two origami cranes をうしろから説明しています。「彼が自分でつくった2つの折り紙のツル」ということです。(cranes のあとに関係代名詞の which [that] が省略されていると考えることもできます)

❼entrusted 〜 to ... は「〜を…に委ねた [任せた，預けた]」という意味です。

🖋 Words & Phrases

Barack Obama ［バラーク／オウバーマ］	名 バラク・オバマ(アメリカ合衆国第44代大統領)
□ sitting ［スィティング］	形 現職の
□ president ［プレズィデント］	名 大統領
□ **bright** ［ブライト］	形 快晴の，明るい
□ cloudless ［クラウドレス］	形 晴れわたった
□ **death** ［デス］	名 死，破滅 はめつ
□ **realize** ［ゥリーアライズ］	動 〜を実感する
□ **importance** ［インポータンス］	名 重大さ
Hiroshima Peace Memorial Museum	広島平和記念資料館
□ crane(s) ［クレイン(ズ)］	名 ツル
□ entrust(ed) ［イントラスト(イントラスティド)］	動 委ねる

📖 Question

What did Barack Obama's speech help Yuto do?

訳 バラク・オバマのスピーチは悠人が何をする助けになりましたか。

ヒント ❺の文を参考にして答えましょう。

解答例 It helped him realize the importance of peace again.

（それは彼が改めて平和の大切さを実感する助けになりました）

❶People say, "History repeats itself," but there is one event in history that should never be repeated. ❷That is war. ❸We should never have another war. ❹Instead, we should have peace in this world. ❺Let's pray and act together for peace!

日本語訳

❶人々は「歴史はそれ自身くり返す」と言いますが，決してくり返されるべきではない歴史的なできごとが一つあります。❷それは戦争です。❸ぼくたちはもう決して戦争をすべきではありません。❹その代わりに，ぼくたちはこの世界で平和を保つべきです。❺さあ，平和のために祈り，いっしょに行動しましょう！

解説

❶repeat(s) itself は「（歴史・できごとなどが）同じようにくり返す」という意味です。one event in history that ～ では，関係代名詞 that 以下が前の名詞 one event in history をうしろから説明しています。one event in history（歴史の中の1つのできごと）は「1つの歴史的なできごと」と考えます。should never be repeated は受け身で，「決してくり返されるべきではない」という意味です。

❸should never have another war（別の［もう1つの］戦争を決して持つべきではない）は，「二度と戦争をすべきではない」ということです。

❹Instead（その代わりに）は「戦争をする代わりに」をさします。

❺pray for peace は「平和のために祈る，平和を願う」という意味です。

📖 Words & Phrases

☐ **repeat(s)** ［ゥリピート（ゥリピーツ）］ 動 くり返す
☐ **itself** ［イトセルフ］ 代 それ自身
☐ **pray** ［プレイ］ 動 祈る

📖 Question

According to this speech, what can we do for peace?

訳 このスピーチによれば，平和のために私たちは何ができますか。

ヒント ❺の文に答えが書かれています。We can ~ . という文でまとめてみましょう。

解答例 We can pray and act together for peace.

（私たちは平和のために祈り，いっしょに行動できます）

Comprehension Check

本文の内容に合うように，①～⑧の（　　）内に 1 語ずつ補おう。

　Some may think the most important things in the world can be wealth, health, and love. Yuto says that ①(　　　) might be basic to them all. He made a speech about ②(　　　　　) after the ③(　　　) ④(　　　). First, a manga shows the strength of people who tried to ⑤(　　　　　　) from severe difficulty. Second, the animated film based on a manga shows us people's ⑥(　　　) during the war. Third, the speech that the U.S. President made was about war and ⑦(　　　). He entrusted his ②(　　　　　) that we should ⑧(　　　) have another war and have ①(　　　) in this world.

解答と解説

① (peace)　　　「平和」という意味の名詞が入ります。

② (Hiroshima)　地名が入ります。

③ (atomic)　⎫

④ (bomb)　　⎬「原子爆弾」を英語 2 語で書きます。

⑤ (recover)　　「立ち直る」という意味の動詞が入ります。

⑥ (lives)　　　「生活」という意味の語が入ります。live の名詞形，life の複数形です。

⑦ (message)　　「（～という）メッセージ（を委ねた）」という意味になります。

⑧ (never)　　　「決して［二度と］～しない」という意味の副詞が入ります。

日本語訳

　世界でいちばん大切なものは富や健康や愛だろうと考える人もいるかもしれません。悠人は，平和はそれらすべての基本であるかもしれないと言っています。彼は原子爆弾後の広島についてスピーチをしました。まず，あるマンガはひどい困難から立ち直ろうとした人々の強さを示しています。2つ目に，あるマンガに基づいたアニメーション映画は私たちに，戦争中の人々の生活を教えています。3つ目に，アメリカ合衆国の大統領が行ったスピーチは戦争と平和についてでした。彼は，私たちは決して二度と戦争をすべきではなく，この世界で平和を保つべきだというメッセージを委ねました。

Painting the Fence 塀のペンキ塗り

服を汚してポリーおばさんに怒られたトムは，塀にペンキを塗るように言われました。翌日，ペンキを塗っているときに，トムはあることを思いつきます。

➡教科書 p.98

1

❶ It was a bright summer morning. ❷ Tom usually was free to do anything he wanted to do, but this day was different. ❸ His aunt Polly got very angry at him when he came home the night before. ❹ His clothes were all dirty because he had a fight. ❺ She decided to punish him. ❻ "Tomorrow you will paint the fence out front all day!" she yelled. ❼ So, instead of a day of adventure and fun, he had to paint the fence.

日本語訳

❶快晴の夏の朝でした。❷トムはたいてい，やりたいことは何でも自由にできましたが，この日は違いました。❸おばのポリーは，彼が前の日の夜に帰宅したとき彼にひどく腹を立てました。❹けんかをしたので，彼の服はすっかり汚れていたのです。❺彼女は彼を罰することに決めました。❻「あした，おまえは一日中，家の前の塀にペンキを塗るんですよ。」と彼女は大声を上げました。❼それで，冒険と楽しみの一日の代わりに，彼は塀にペンキを塗らなければなりませんでした。

解 説

❷was free to ～ は「自由に～できた」という意味です。anything he wanted to do は, he wanted という〈主語＋動詞〉が前の anything (何でも)をうしろから説明しています。過去の文なので wanted が使われていますが, 日本語では「彼がやりたいことは何でも」となります。

❸got very angry at ～ は「～にひどく腹を立てた」, the night before は「その前の日の夜」という意味です。過去の文で「昨夜」と言うときは, last night ではなく the night before を使います。

❹clothes は「衣服」, had a fight は「けんかをした」という意味です。

❺decided to ～ は「～することに決めた」, punish は「～を罰する」という意味です。

❻この you will ～ は,「あなたは～しなさい」と命令する表現です。the fence out front は「家の前の塀」, all day は「一日中」という意味です。

❼So は「それで, そういうわけで」, instead of ～ は「～の代わりに」, had to ～ は「～しなければならなかった」という意味です。

＊教科書の ◆ **Words & Phrases** で語句の意味を確認しよう。

Question

Why did aunt Polly get angry at Tom?

訳 おばのポリーはなぜトムに腹を立てたのですか。

ヒント ❹の文を参考にして, Because ～ . の文で答えましょう。

解答例 Because Tom's [his] clothes were all dirty.
(トム [彼] の衣服がすっかり汚れていたからです)

チャレンジ問題② ➡答えは P.158下

問1 次の文が成り立つように, (　　)内に下のア～エから正しいものを選び, 記号で答えなさい。

It is very important (　　) you to eat breakfast every day.
ア to　　イ if　　ウ for　　エ and　　　　　　　　(　　　)

問2 次の対話が成り立つように, (　　)内の語 (句) を正しく並べかえて書きなさい。

⑴ A: Have you (decided / go / to / where) during summer vacation?
B: Yes. I'll visit Hokkaido.
Have you ＿＿＿＿＿＿＿＿＿＿＿＿＿＿＿ during summer vacation?

⑵ A: I bought some comic books yesterday.
B: Can you show (the comic books / bought / me / you)?
Can you show ＿＿＿＿＿＿＿＿＿＿＿＿＿＿＿?

2

❶ Tom started to paint as fast as possible. ❷ After a while, he looked at the fence. ❸ It was long and high. ❹ "Oh, today is really going to be awful!" he thought. ❺ "Soon the other boys will come and laugh at me for working." ❻ He wondered if he could give his friends something to do the work for him, but he didn't have anything interesting to give in his pocket. ❼ At this dark moment, a wonderful idea came to him.

3

❽ Soon his friend Ben appeared. ❾ He was eating an apple and pretending to be the captain of a riverboat. ❿ "Turn her!" he shouted. ⓫ "Stop!" ⓬ Tom continued to work.

⬤ 日本語訳

❶トムはできるだけ速くペンキを塗り始めました。❷しばらくして，彼は塀を見ました。❸それは長くて高いものでした。❹「わあ，今日は本当にひどいことになりそうだ」と彼は思いました。❺「すぐにほかの男の子たちがやって来て，ぼくが働いているので笑(わら)うだろうな」❻彼は，代わりに仕事をしてもらえるような何かを友人たちにあげられるかなと思いましたが，ポケットの中にはあげるようなおもしろいものは何もありませんでした。❼この陰(いん)うつな瞬間(しゅんかん)に，彼にすばらしい考えが浮(う)かびました。

❽すぐに彼の友達のベンが現れました。❾彼はリンゴを食べながら，川船の船長のふりをしていました。❿「向きを変えろ！」と彼は叫(さけ)びました。⓫「とまれ！」⓬トムは働き続けました。

〔チャレンジ問題②の答え〕
問1 ウ　　問2 (1) decided where to go　(2) me the comic books you bought

🔘 解説

❶ as 〜 as possible は「できるだけ〜」で，as fast as possible は as fast as he could と言っても同じです。

❷ After a while は「しばらくして」という意味です。

❹ この is going to 〜 は「〜しそうだ」という「確からしい未来」を表します。

参考 The sky is dark. It's going to rain.「空が暗いです。雨が降りそうです。」

❺ Soon は「すぐに，じきに」，the other boys は「ほかの少年たち」，laugh at 〜 は「〜を（あざ）笑う」という意味です。for working は「働いているために［ので］」と理由を表します。したがって，laugh at me for working は「（ふだん遊んでばかりいて家のことを手伝わないトムが）働いているので（それを見て）笑う」ことを表しています。

❻ 2つの文が but で結ばれています。前半の He wondered if he could 〜 は，「彼は〜できるかなあと思った」という意味，give his friends something は「彼の友人たちに何かを与える」，また，something to do the work for him は「彼の代わりに仕事をするための何か」という意味です。したがって something 以下は，「彼の代わりに仕事をしてもらえるような何か」→「あげれば代わりに仕事をしてもらえるようなもの」ということになります。後半の didn't have anything interesting to give は「与えるための何かおもしろいものはなかった」→「あげられるようなおもしろいものは何もなかった」ということです。

❼ At this dark moment は「この陰うつな瞬間に」，came to him（彼に来た）はここでは「彼の心に浮かんだ」という意味です。

❾（was）pretending to be 〜 は「〜であるふりをしていた，〜のまねをしていた」という意味です。

❿ Turn her!（彼女の向きを変えろ）の her は「船」をさすときの代名詞です。したがって，「船の向きを変えろ」と号令していることになります。「回れ」などと訳すこともできます。

⓬ continued to 〜 は「〜し続けた」という意味です。

＊教科書の 📖 **Words & Phrases** で語句の意味を確認しよう。

📖 Question

Who was pretending to be the captain of the riverboat?

訳 だれが川船の船長のふりをしていましたか。

ヒント 質問文の who は主語なので，〈主語 + was.〉の形で答えます。

解答例 Ben was.（ベンでした）／ Tom's friend Ben was.（トムの友達のベンでした）

❶Ben said, "Hello! You are in trouble."　❷No answer.　❸Tom was concentrating.　❹Ben became curious.　❺"You have to work today?" he asked.　❻"What do you mean?　❼Work?" Tom said with a surprised look.　❽"I'm enjoying it!　❾How often does a boy get a chance to paint a fence?"

4

❿Ben stopped eating the apple.　⓫"Let me paint a little," he said.　⓬Tom replied, "No, Ben.　⓭Aunt Polly wants this fence to be perfect.　⓮It must be done very carefully."　⓯"Oh, Tom, let me try.　⓰Only a little.　⓱I will give you this apple."　⓲Tom gave the brush to Ben reluctantly, but with joy in his heart.　⓳While Ben was painting, Tom sat under the tree and ate the apple.

⬤ 日本語訳

❶ベンは「こんにちは！　きみは面倒_{めんどう}なことになってるね」と言いました。❷返事はありません。❸トムは集中していました。❹ベンは好奇心_{こうきしん}を示すようになりました。❺「きみは今日，働かなければならないんだね？」と彼はたずねました。❻「どういう意味？　❼働くだって？」とトムはびっくりした顔をして言いました。❽ぼくはそれを楽しんでいるんだよ！　❾男の子はいったいどれだけ，塀にペンキを塗る機会がつかめるというの？」

❿ベンはリンゴを食べるのを止めました。⓫「ぼくに少し塗らせてよ」と彼は言いました。⓬トムは「だめだよ，ベン。⓭おばのポリーさんはこの塀を完全にしたいんだ。⓮とても入念にしなければならないんだよ」と答えました。⓯「ねえ，トム。ぼくにやらせてよ。⓰ほんの少しだけ。⓱きみにこのリンゴをあげるから。」⓲トムはしぶしぶ，でも心の中では喜んで，ベンにブラシを渡_{わた}しました。⓳ベンがペンキを塗っている間，トムは木の下にすわってリンゴを食べました。

⬤ 解 説

❶You are in trouble.（あなたは面倒なことの中にいる）は，「面倒なことをしているね」と，ベンがトムをからかっていることばです。「わあ，面倒くさそう。」と訳すこともできます。

❸「集中していた」という過去進行形の文です。

❺have to ～ は「～しなければならない」という意味です。「？」がついているのは，「～しなければならないのですか」と質問しているのではなく，「～しなければならないんだね」と確認し

ているからです。

❻「あなたは何を意味するのですか」は「どういう意味ですか」ということです。

❼ ❺～❼の文を合わせると,「きみは『今日は働かなければならないんだね』と聞いたけど, どういうことかな。働くって。」ということですが, ここには「ぼくは働いているわけじゃないよ」という意味が込められています。トムはとぼけてこう言っているのです。

with ～ は「～をともなって」を表します。

参考 He came into the room with a smile.「彼はほほえんで部屋に入ってきました。」

❾How often ～ ?（どれだけしばしば～ですか）は, 頻度をたずねる文です。get a chance to ～ は「～する機会を持つ［機会がある］」という意味です。「男の子はどれだけ（しばしば）～する機会が持てますか」ということですが, ここには「そんな機会はめったに持てないよ」という意味が込められています。トムはベンをだまそうとしてこう言っているのです。

❿stopped -ing は「～することを止めた」という意味です。

⓫Let me ～ . は「私に～させてください」という意味です。

⓬replied は reply（答える = answer）の過去形です。

⓭〈want ＋ もの ＋ to be ～〉で「（もの）が～であることを望む」という意味を表します。

参考 My parents want me to be kind to old people.

「両親は私がお年寄りに親切であることを望んでいます。」

⓮It は「塀にペンキを塗ること」をさします。done は do の過去分詞形で, must be done（受け身）は「されなければならない」という意味を表します。

⓰この文は, Let me try only a little.（ほんの少しだけ私にやらせてください）を短く言ったものです。

⓲reluctantly, but with joy は「しぶしぶ, しかし喜んで」という意味です。

⓳While ～ は「～する間」で, あとに〈主語＋動詞～〉が続きます。

＊教科書の 📖**Words & Phrases** で語句の意味を確認しよう。

📖 Question

What was Tom doing while Ben was painting?

訳 ベンがペンキを塗っている間, トムは何をしていましたか。

ヒント ⓳の文を過去進行形の文に変えて答えましょう。

解答例 He was sitting under the tree and eating the apple.

（彼は木の下にすわってリンゴを食べていました）

5

❶The whole afternoon, again and again, friends came by. ❷They stopped to laugh, but stayed to paint. ❸Each one paid with a little toy, and Tom let them paint.

❹By the end of the afternoon, he was rich and the entire fence was painted. ❺Tom learned a great law of human nature that day. ❻A person will desire something if it is not easy to get.

(Mark Twain, *The Adventures of Tom Sawyer* より)

日本語訳

❶午後の間ずっと，何度も友人たちが立ち寄りました。❷彼らは立ち止まって笑いましたが，ペンキを塗るためにとどまりました。❸一人一人がちょっとした取るに足りないもので支払い，そしてトムは彼らにペンキを塗らせてやりました。

❹午後の終わりまでに，彼は豊かになり，全部の塀がペンキで塗られました。❺トムはその日，人間性の偉大な法則を知りました。❻もし手に入れることが簡単でなければ，人はそれを強く望むのです。

解 説

❶whole afternoon（すべての午後）は「午後（の間）ずっと」，came by は「立ち寄った」という意味です。

❷〈stop to ＋ 動詞の原形〉は「〜するために立ち止まる，立ち止まって〜する」という意味です。stop -ing（〜することを止める）との意味の違いに注意しましょう。to laugh と to paint はどちらも「〜するために」と目的を表す副詞的用法の不定詞です。

❸paid with 〜 は「〜で支払った」ということです。ベンは塀にペンキを塗りたくなってトムにリンゴをあげましたが，ほかの友達もトムに a little toy（ちょっとした取るに足りないもの）をあげたということです。動詞 pay の過去形・過去分詞形は共に paid［ペイド］です。つづり

に注意しましょう。

この toy は「取るに足りないもの」という意味です。Tom let them paint は〈let ＋ 人 ＋ 動詞の原形〉なので，「彼らにペンキを塗らせてやった」という意味になります。

❹By the end of 〜 は「〜の終わりまでに」，rich は「豊かな，金持ちの」という意味です。and 以下は「ペンキで塗られた」という受け身の文です。

❺a great law of human nature は「人間性の偉大な法則，人間性の一大法則」という意味です。それがどのような法則かは，次の❻の文に書かれています。

❻この will は「〜するものだ，〜したがる」という習性・傾向を表します。desire something は「何か［もの］を強く望む［ほしがる］」，if it is not easy to get の it は something をさします。easy to get は「手に入れることが簡単な，手に入れやすい」ということです。トムの友人たちはトムに「塀にペンキを塗ることなんて，めったにできないよ」と言われ，だまされたことも知らずに，それをやりたくなってしまいました。

＊教科書の 📗 **Words & Phrases** で語句の意味を確認しよう。

Comprehension Check

次の文が正しければ○を，間違っていれば×を（　）の中に書き入れよう。

(1) Tom started to paint the fence with joy. 　　　　　　　（　）
(2) Tom didn't have anything interesting to give to his friends. 　（　）
(3) Tom gave the apple to Ben. 　　　　　　　（　）
(4) By the end of the afternoon the entire fence was painted by Tom. 　（　）

日本語訳と解答例

(1) トムは喜んで塀をペンキで塗り始めた。　　　　　　　　　　　　　　（ × ）
　➡教科書 p.98，5〜6行目
(2) トムは彼の友人たちにあげられるようなおもしろいものを何も持っていなかった。（ ○ ）
　➡教科書 p.99，4〜5行目
(3) トムはベンにリンゴをあげた。　　　　　　　　　　　　　　　　　　（ × ）
　➡教科書 p.100，7〜8行目（リンゴをあげたのはベン）
(4) 午後の終わりまでに，全部の塀がトムによってペンキで塗られた。　　（ × ）
　➡教科書 p.101，1〜5行目

Counting on Katherine Johnson
キャサリン・ジョンソンへの信頼(しんらい)

キャサリン・ジョンソンは，アフリカ系アメリカ人女性として初めて NASA に派遣(はけん)された実在の人物です。大好きな数学に関わる仕事に就(つ)きたいという夢を持っていましたが，当時はアフリカ系アメリカ人への差別が厳しく，さまざまな困難がたちはだかりました。

➡教科書 p.102

1

❶ What is your favorite subject? ❷ Have you ever wondered if you might get a job related to it in the future?

❸ Katherine Johnson loved math. ❹ She was born in 1918 in West Virginia, U.S.A. ❺ As a young girl, she loved to count. ❻ She counted everything. ❼ She counted the number of steps she took. ❽ She counted the steps to church. ❾ She even counted the forks and plates when she washed the dishes.

⬤ 日本語訳

❶あなたのお気に入りの教科は何ですか。❷あなたは今までに，将来それと関係がある仕事に就くかもしれないと思ったことがありますか。

❸キャサリン・ジョンソンは数学が大好きでした。❹彼女は1918年にアメリカ合衆国のウェスト・バージニア州で生まれました。❺幼い少女のとき，彼女は数えることが大好きでした。❻彼女は何もかも数えました。❼彼女は歩数を数えました。❽彼女は教会までの歩数を数えました。❾彼女は食器を洗うときにフォークとお皿さえも数えました。

🔵 解 説

❷「今までに（ever）～したことがありますか」という現在完了（経験用法）の疑問文です。wonder if ～ は「～かなと思う」，might ～ は「～するかもしれない」の意味なので，wondered if you might ～ で「あなた［自分］が～するかもしれないと思った」となります。a job related to it では，過去分詞 related 以下が前の名詞 a job をうしろから説明し，「それと関係がある［関連する］仕事」という意味を表します。to it の it は your favorite subject（あなたのお気に入りの教科）をさします。

❺As a young girl は As she was a young girl を短く言ったもので，As は When と言いかえられます。この文の count は「数える」ですが，タイトルの count on ～ は「～を頼りにする」の意味を表します。数えることが大好きだったキャサリンは，のちにNASA（ナサ）の仲間たちが頼りにする科学者になりました。

> **参考** タイトルの Counting on ～ は「～を頼りにすること」→「～への信頼」と訳すとよいでしょう。

❼the number of ～ は「～の数」を表します。steps she took では，she took（主語＋動詞）が前の名詞 steps（歩み）をうしろから説明しています。take a step は「一歩進む」の意味なので，the number of steps she took は「歩いた数，歩数」という意味になります。

❾even counted ～ は「～を数えることさえした，～さえ数えた」，washed the dishes は「皿［食器］を洗った」という意味です。

＊教科書の 📖 **Words & Phrases** で語句の意味を確認しよう。

📖 Question

What did Katherine count when she washed the dishes?

訳 食器を洗うとき，キャサリンは何を数えましたか。

ヒント ❾の文に数えたものが書かれています。

解答例 She counted (the number of) the forks and plates.
（彼女はフォークとお皿（の数）を数えました）

❶Katherine was interested in learning about almost anything. ❷When she started school, she skipped first grade because she could already read. ❸At that time African Americans and white Americans had to go to different schools, but her hometown didn't have a high school for African Americans. ❹Katherine's father wanted all of his four children to go to high school and college. ❺He moved the entire family to a town that had a high school they could go to.

1963年のワシントン大行進

日本語訳

❶キャサリンはほとんどすべてのことを学ぶことに興味がありました。❷就学したとき，彼女はすでに読むことができたので1学年を飛び級しました。❸その当時，アフリカ系アメリカ人と白人系アメリカ人は異なる学校に通わなければなりませんでしたが，彼女の故郷の町にはアフリカ系アメリカ人のための高校がありませんでした。❹キャサリンの父は，4人の子どもたち全員に高校と大学に行ってほしいと思いました。❺彼は，家族全員を，彼らが通える高校がある町に移しました。

解説

❶was interested in -ing は「～することに興味 [関心] があった」, about almost anything は「ほとんど何もかもについて」→「ほとんどすべてのことを」という意味です。

❷started school（学校を始めた）は「学校に通い始めた, 就学した」, skipped は skip（飛び級する）の過去形, first grade は「1 年生」, could already read（すでに読むことができた）は「すでに文字が読めた」ということです。

❸At that time は「その当時」, African Americans and white Americans は「アフリカ系アメリカ人と白人系アメリカ人」, had to ～ は「～しなければならなかった」という意味です。her hometown didn't have ～ は, there was not ～ in her hometown と言いかえられます。

❹〈want + 人 + to + 動詞の原形〉で「(人) に～してほしい」を表します。この文では「人」は all of his four children（彼の 4 人の子どもたち全員）です。

❺moved ～ to ... で「～を…に移動させた」を表します。entire は「全体の, 全部の」なので, the entire family で「家族全員」という意味になります。a town that ～ では, 関係代名詞 that 以下が前の名詞 a town をうしろから説明し,「高校がある町」という意味を表します。また, a high school they could go to では, they could go to（主語＋動詞～）が前の名詞 a high school をうしろから説明し,「彼らが通うことができる高校」という意味を表します。

＊教科書の 📖 **Words & Phrases** で語句の意味を確認しよう。

Question

What did Katherine's father want his children to do?

訳 キャサリンの父は子どもたちにどうしてほしいと思いましたか。

ヒント ❹の文に答えが書かれています。his children を them に変えて答えましょう。

解答例 He wanted (all of) them to go to high school and college.
（彼は彼ら (全員) に高校と大学に行ってほしいと思いました）

2

❶Katherine majored in math and French. ❷She was ready to be a math researcher when she graduated from college with honors in 1937, but finding a job as a math researcher was difficult for an African American woman. ❸She taught French and piano to elementary school children. ❹She went to graduate school in the meantime. ❺She got married and started her own family, too.

❻In 1953 Katherine was offered a job as a research mathematician at the National Advisory Committee for Aeronautics（NACA）. ❼People called research mathematicians "computers" those days because their job was to compute numbers. ❽Katherine loved her job as a computer.

日本語訳

❶キャサリンは数学とフランス語を専攻しました。❷1937年に大学を優等で卒業したとき，彼女は数学の研究者になる用意ができていましたが，数学研究者としての仕事を見つけることは，アフリカ系アメリカ人女性にとって難しいことでした。❸彼女は小学生たちにフランス語とピアノを教えました。❹その間，彼女は大学院に通いました。❺彼女は結婚し，自分自身の子どもも産みました。

❻1953年に，キャサリンはアメリカ航空諮問委員会（NACA）の研究数学者としての仕事を勧められました。❼彼らの仕事は数を計算することだったので，人々は当時，研究数学者のことを「コンピューター」と呼びました。❽キャサリンはコンピューター（計算する人）として，彼女の仕事を愛しました。

解説

❶majored in ~ は「~を専攻した」という意味です。

❷2つの文が but で結ばれています。前半は「~したとき…だった」という内容です。was ready to ~ は「~する用意［準備］ができていた」，graduated from ~ は「~を卒業した」，with honors は「優秀な成績で，優等で」という意味です。but 以下の文では，主語が finding a job as a math researcher（数学研究者としての仕事を見つけること）であることに注意しましょう。

❸taught は teach（~を教える）の過去形，elementary school children は「小学校の子どもたち，小学生たち」という意味です。

❹go to graduate school は「大学院に行く」という意味です。

❺got married は「結婚した」，started her own family はここでは「彼女自身の子どもをもうけた」という意味です。「(最初の)子どもをもうける」ことを start a family といいます。

❻「～を提供された，～を勧められた」という受け身の文です。a job as ～ は「～としての仕事」という意味です。

❼「～なので，人々は…」という文です。〈call + 人 + 呼び名〉は「(人)を～と呼ぶ」で，この文では「人」は research mathematicians (研究数学者，= math researchers)，呼び名は computers です。compute は「計算する」という意味の動詞なので，computer(s) は「計算する人」ということになります。those days は「当時」，to compute は「計算すること」で名詞的用法の不定詞です。

＊教科書の 📖 **Words & Phrases** で語句の意味を確認しよう。

📖 Question

What were research mathematicians called those days?

訳 当時，研究数学者は何と呼ばれましたか。

ヒント ❼の文を参考にして，受け身の文で答えましょう。

解答例 They were called "computers."

(彼らは「コンピューター」と呼ばれました)

Practice 🖊

❶Soon she was sent to work on a flight research project. ❷In 1958, NACA became the National Aeronautics and Space Administration, or NASA. ❸In 1961 the astronaut Alan Shepard made a partial orbit around the Earth in *Freedom 7*. ❹Who did the math? ❺Katherine!

3

❻NASA put Katherine on the team that worked to send *Friendship 7* and astronaut John Glenn into space in 1962. ❼NASA was relying on its first electronic computer to calculate *Friendship 7*'s flight path. ❽John Glenn, however, had more faith in Katherine. ❾He wanted her to check the computer's numbers. ❿He said, "If she says the computer is right, I'll take it."

日本語訳

❶やがて彼女は飛行研究計画の仕事に派遣されました。❷1958年に，NACAはアメリカ航空宇宙局，すなわちNASAになりました。❸1961年に，宇宙飛行士のアラン・シェパードは，フリーダム7で地球を回る部分周回飛行をしました。❹だれがその計算をしたのでしょうか。❺キャサリンでした。

❻NASAは，1962年にフレンドシップ7と宇宙飛行士のジョン・グレンを宇宙に送るために働くチームにキャサリンを配置しました。❼NASAはフレンドシップ7の飛行軌道を計算するために最初の電子計算機(コンピューター)を頼みにしていました。❽しかしジョン・グレンはキャサリンをより信頼していました。❾彼は彼女に，コンピューターの数字をチェックしてほしいと思いました。❿彼は「もし彼女がコンピューターは正しいと言えば，私はそれを採用する」と言いました。

🔵 解 説

❶「～に送られた［派遣された］」という受け身の文です。work on a flight research project は「飛行研究計画の仕事」ということです。

❸the astronaut Alan Shepard は「宇宙飛行士のアラン・シェパード」，made a partial orbit around ～ は「～を回る部分周回飛行をした」で，orbit は「軌道」の意味です。*Freedom 7* はアメリカ初の有人宇宙船の名称です（正式名称は「マーキュリー・レッドストーン３号（MR-3）」といいます）。

❹the math はここでは「その計算［数学的処理］」という意味です。

❻put ～ on ... は「～を…に置いた［配置した］」で，この put は過去形です。the team that ～ では，関係代名詞 that 以下が前の名詞 the team をうしろから説明し，「1962年にフレンドシップ７と宇宙飛行士のジョン・グレンを宇宙に送るために働くチーム」という意味を表します。

参考 フレンドシップ７が実際に発射されたのは1961年５月５日でした。

❼「～を頼みにしていた」という過去進行形の文です。its first electronic computer（それの（＝NASAの）最初の電子計算機）という表現は，それまでは人間の computer（計算する人）が行っていた計算を，人間に代わって初めて電子計算機が行ったことを表しています。to calculate ～ は「～を計算するために」で，目的を表す副詞的用法の不定詞です。

❽had faith in ～ で「～を信頼した［していた］」という意味を表します。more は「より多くの」→「もっと」ということです。

❾〈want ＋ 人 ＋ to ＋ 動詞の原形〉（（人）に～してほしい）を使った文です。computer's numbers（コンピューターの数字）は「コンピューター［電子計算機］が計算した数字」ということです。

❿take は「受け入れる，採用する」という意味です。If 以下の内容は，「コンピューターがした計算をキャサリンがチェックして，彼女が『この計算は正しいですよ』と言って初めて，私はコンピューターの計算結果を受け入れる」ということです。グレンは，それほどキャサリンの計算能力に信頼を寄せていたのです。

＊教科書の 📖 **Words & Phrases** で語句の意味を確認しよう。

📖 Question

Who wanted Katherine to check the computer's numbers?

訳 キャサリンにコンピューターの数字をチェックしてほしかったのはだれですか。

ヒント ❽～❾の文を参考にしましょう。質問の文の Who は主語なので，〈主語 ＋ did.〉の形で答えます。

解答例 John Glenn did.
（ジョン・グレンでした）

❶ Katherine's calculations were not her only accomplishments at NASA. ❷ Those days only men attended the meetings for discussions of spaceflight. ❸ Katherine wanted to be at those meetings and kept asking if she could go. ❹ She even asked, "Is there a law against it?" ❺ She was eventually invited to attend all the meetings, and she participated in the discussions.

4

❻ Katherine also became an important member of the team behind *Apollo 11*. ❼ On July 16, 1969, it lifted off and headed to the moon with three astronauts on board. ❽ Four days later, on July 20, astronaut Neil Armstrong took mankind's first step on the moon. ❾ Katherine's calculations were as accurate as ever. ❿ On July 24, the astronauts splashed down in the Pacific Ocean.

日本語訳

❶キャサリンの計算は，NASAにおける彼女の唯一の業績ではありませんでした。❷その当時，男性だけが宇宙飛行の議論のための会議に出席しました。❸キャサリンはそれらの会議に出たいと思い，行っていいかどうかたずね続けました。❹彼女は「それに反する法律があるのですか。」とさえたずねました。❺彼女はついにすべての会議に出席するように招かれ，彼女はその議論に参加しました。

❻キャサリンはアポロ11号を支えるチームの重要メンバーにもなりました。❼1969年7月16日，それは3人の宇宙飛行士を乗せて離陸し，月に向かいました。❽4日後の7月20日，宇宙飛行士のニール・アームストロングは人類初の第一歩を月面に踏み出しました。❾キャサリンの計算は今までと同じように正確でした。❿7月24日，宇宙飛行士たちは太平洋に着水しました。

解 説

❶「キャサリンの計算は，NASAでの彼女の唯一の業績ではなかった」という意味ですが，言いかえれば「NASAでのキャサリンの業績は，計算することだけではなかった」(Katherine's accomplishments at NASA were not only her calculations.) ということです。

❷Those days は「当時」，the meetings for discussions of ～ は「～の議論のための会議」，spaceflight は「宇宙飛行」という意味です。

❸wanted to be at ～ は「～にいたかった」→「～に参加［出席］したかった」，those meetings (それらの会議) は❷の文に書かれている会議をさします。kept は keep の過去形で，kept -ing で「～し続けた」という意味を表します。ask if she could ～ は「彼女が～できるかどうかたずねる，彼女が～してもいいかどうかたずねる」ということです。

❹a law against it (それに反対する法律) の it は「女性が会議に参加すること」をさします。

❺「招かれた」という受け身の文です。eventually は「ついに」，attend は「～に出席する」，participated in ～ は「～に参加した」(= joined in ～) という意味です。

❻the team behind ～ (～のうしろのチーム) は「～の裏方チーム」つまり「～を支えるチーム」を表します。

❼it は「アポロ11号」をさします。lifted off は「(ロケットなどが) 離陸する」，headed to ～ は「～に向かった」，with ～ on board は「～を乗せて」という意味です。

❽took mankind's first step on ～ は「～の上に人類の最初の歩みを進めた」ということです。

❾as ～ as ever は「今までと同じくらい［同じように］～」という意味の比較表現です。

❿splash は水などがピシャッとはねることを表しますが，splashed down in ～ は「(宇宙船が) ～に着水した」という意味で使われています。

＊教科書の 📖 **Words & Phrases** で語句の意味を確認しよう。

Question

How many astronauts were on board in *Apollo 11*?

訳 アポロ11号には何人の宇宙飛行士が乗っていましたか。

ヒント ❼の文に答えが書かれています。〈主語 + were.〉の形で答えます。

解答例 Three astronauts were.
（3人の宇宙飛行士でした）

❶ Katherine worked on every space mission at NASA until she retired in 1986. ❷ In 2015 she received the Presidential Medal of Freedom. ❸ She was 97 at the time—an impressive number even for a math lover!

日本語訳

❶キャサリンは1986年に退職するまで，NASAですべての宇宙探査ミッションに取り組みました。❷2015年，彼女は大統領自由勲章(くんしょう)を受けました。❸彼女はそのとき97歳(さい)で，それは一数学愛好者にとっても感銘(かんめい)深い数字なのでした！

解 説

❶ worked on ～ は「～に取り組んだ」，every space mission（あらゆる宇宙使命）は「すべての宇宙探査ミッション［宇宙飛行計画］」，until ～ は「～まで」という意味です。

❸ at the time（そのとき）は「キャサリンが大統領自由勲章を受けたとき」をさします。even for ～ は「～にとってさえ，～として考えても」という意味を表します。97が an impressive number even for a math lover（数学愛好者にとっても感銘深い数字）だというのは，97が，2けたの整数（10〜99）のうちで最大の素数（1とその数自身でしか割り切れない自然数［正の整数］）だからです。

Comprehension Check

次の文が正しければ○を，間違っていれば×を（　）の中に書き入れよう。

(1) There wasn't a high school for African Americans in Katherine's hometown. （　）

(2) Katherine taught math to elementary school children. （　）

(3) Neil Armstrong wanted Katherine to check the computer's numbers. （　）

(4) Katherine was 97 when she received the Presidential Medal of Freedom. （　）

日本語訳と解答例

(1) キャサリンの故郷の町にはアフリカ系アメリカ人のための高校がなかった。（　○　）

➡教科書 p.103，4行目

(2) キャサリンは小学生たちに数学を教えた。（　×　）

➡教科書 p.104，4行目（フランス語とピアノなら正しい）

(3) ニール・アームストロングは，キャサリンにコンピューターの数字をチェックしてもらいたかった。（　×　）

➡教科書 p.105，7〜9行目（ジョン・グレンなら正しい）

(4) キャサリンは大統領自由勲章を受けたとき97歳だった。（　○　）

➡教科書 p.107，2〜3行目

Practice

Free The Children　フリー・ザ・チルドレン

世界には貧困や強制労働などの過酷な環境に生きる子どもたちがたくさんいます。その事実を知り，カナダの12歳の少年クレイグが行動を起こしました。

➡教科書 p.108

　❶For Japanese children, school is part of everyday life. ❷However, for more than 150 million children under 18 years old around the world, school is only a dream. ❸For them, everyday life means work—in many cases, dirty and dangerous work for very little money. ❹This problem is called child labor. ❺Figures 1 and 2 show us the areas with the most serious situations. ❻Many child laborers live and work in Africa and Asia. ❼Some people might think it's not their problem, but other people all over the world are working to stop child labor now.

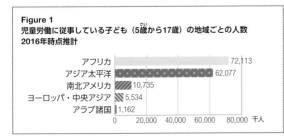

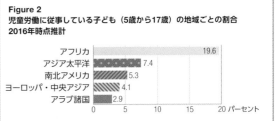

出典：International Labour Office (ILO), International Programme on the Elimination of Child Labour (IPEC), *Marking progress against child labour - Global estimates and trends 2000-2012* (2013)

出典の語句

ILO（国際労働機関）　　　　　IPEC（児童労働国際計画）
Marking Progress against child labour（児童労働撤廃への前進を記す）
Global estimates and trends（世界的な見積もりと傾向）

日本語訳

　❶日本の子どもたちにとって，学校は毎日の生活の一部です。❷しかし，全世界の18歳未満の1億5,000万人以上の子どもたちにとって，学校は夢でしかありません。❸彼らにとって，毎日の生活は労働—多くの場合，ほんのわずかなお金のための汚く危険な労働を意味します。❹この問題は児童労働と呼ばれています。❺図1と図2は，最も深刻な状況をともなう地域を私たちに示しています。❻アフリカとアジアには，多くの児童労働者が暮らし，働いています。❼それは自分の問題ではないと思っている人たちもいるかもしれませんが，世界中のそれ以外の人々は今，児童労働を止めさせるために活動しています。

解 説

❶ For は「～にとって」，part of ～ は「～の一部分」という意味です。この文は，学校に行くことは日本の子どもたちにとって当然のことだ，ということを述べたものです。

❷ この文は「学校（に通うこと）は単なる夢だ」という文の前に，for ～ （～にとって）という長い語句がついたものです。million は「100万（の）」という意味で，one hundred and fifty million は150×100万＝1億5,000万となります。under 18 years old は「18歳より下」つまり「18歳未満（＝17歳以下）」ということです。

❸ them は，❷の more than ～ the world をさします。ダッシュ（―）以下は work の補足説明で，in many cases は「多くの場合」，for ～ は「～のために，～を得るために」を表します。very little money の very little は「ほんのわずかしかない」ということです。

❹ 「～は…と呼ばれている」という受け身の文です。This problem（この問題）は，❸の文の内容をさします。

❺ 〈show ＋ 人＋もの〉で「（人）に（もの）を示している」の意味を表します。この文の「人」は us，「もの」は the areas with ～ （～をともなう地域）です。the most serious は serious（重大な，深刻な）の最上級です。

❻ これは Figure 1 からわかることですね。

❼ Some people ～ , but other people .... （～する人たちもいるが，…する人たちもいる）という文です。might think（that）～ は「～だと考えるかもしれない」と推量を表します。it's の it は child labor をさします。but の前の文は，「それは自分の問題ではないと思っている（＝自分とは関係ないと思っている）人たちもいるだろう」の意味になります。other people all over the world は「世界中のそのほかの人々」（＝自分の問題だと考えている人々），to stop ～ は「～を止めるために」で，目的を表す不定詞の副詞的用法です。

＊教科書の 📖 **Words & Phrases** で語句の意味を確認しよう。

▶ labor（労働，労働者）は，イギリス英語では labour とつづります。（Figure 1・2 の出典）

📖 Question

Where do many child laborers live and work?

訳 多くの児童労働者はどこで暮らし，働いていますか。

ヒント ❻の文に答えが書かれています。They を主語にして書きましょう。

解答例 They live and work in Africa and Asia.

（彼らはアフリカとアジアで暮らし，働いています）

➡教科書 p.109

❶ Craig Kielburger, from Canada, is one of those people. ❷ One day in 1995, when he was 12 years old, an article in the newspaper caught his eye. ❸ It was about a boy from Pakistan named Iqbal Masih. ❹ From the age of four, Iqbal was forced to work in a carpet factory. ❺ He escaped the factory six years later. ❻ To end child labor, he began to tell the world about it. ❼ When he was just 12, the same age as Craig, he was shot and killed. ❽ The truth about Iqbal's death is not clear, but some people believe he was killed for speaking out.

日本語訳

❶ カナダ出身のクレイグ・キールバーガーは，それらの人々の一人です。❷ 彼が12歳だった1995年のある日，新聞のある記事が彼の目をとらえました。❸ それはイクバル・マシーという名のパキスタン出身の少年についてでした。❹ 4歳（のとき）から，イクバルはじゅうたん工場で働くことを強制されました。❺ 彼は6年後に工場から逃げました。❻ 児童労働を終わらせるために，彼はそのことを世界に伝え始めました。❼ クレイグと同じ年齢だったほんの12歳のとき，彼は撃たれて殺されました。❽ イクバルの死についての真実ははっきりしませんが，率直に意見を述べたために彼は殺されたのだと信じている人たちもいます。

解 説

❶ from ～ は出身地を表します。those people（それらの人々）は，教科書 p.108の最後に書かれている「児童労働を止めさせるために活動している人々」をさします。

❷ 途中にはさまれている when ～（そのとき彼は12歳でしたが）は「1995年」の補足説明です。an article は「ある記事」，caught は catch の過去形で，caught his eye で「彼の目をとらえた（＝目にとまった）」という意味を表します。

❸ It は The article と言いかえられます。named ～ は「～と名づけられた」→「～という名前の」で，a boy from Pakistan（パキスタン出身の少年）をうしろから説明しています。

❹「～するように強制された」という受け身の文です。the age of ～ は「～歳（のとき）」を表します。force to ～ は「～することを強制する」の意味なので，受け身の was forced to ～ は「～することを強制された」となります。

❺ escaped ～ は「～から逃げた［脱出した］」（= escaped from ～），six years later（6年後に）は，じゅうたん工場で強制的に働かされ始めた4歳のときから6年後に，つまり10歳のときに，ということです。

❻ To end ～ は「～を終わらせるために」で，目的を表す不定詞の副詞的用法です。「世界に（向

かって）それについて話し始めた」の「それ」(it) は child labor をさします。

❼ he はイクバルをさします。the same age as Craig は「クレイグと同じ年齢」で，直前の「12（歳）」の補足説明です。12歳は，クレイグがイクバルについての新聞記事を読んだときの年齢でしたね。was shot and (was) killed は受け身で，shot は shoot（〜を撃つ）の過去分詞形，killed は kill（〜を殺す）の過去分詞形です。

❽ 2つの文が but で結ばれています。The truth about 〜 は「〜についての真実[真相]」，death は「死」(dead「死んでいる」の名詞形)，clear は「はっきりした」という意味です。some people believe (that) 〜 は「〜ということを信じている人々もいる」と訳すと自然な日本語になります。この文では，イクバルが殺されたのは for speaking out（はっきりと話したため）つまり，児童労働について世界に訴えたためだと信じている人たちもいる，と言っています。

📖 Question

How old was Craig Kielburger when he read a news article about Iqbal Masih?

訳 イクバル・マシーについてのニュース記事を読んだとき，クレイグ・キールバーガーは何歳でしたか。

ヒント ❷と❸の文を読めばわかります。

解答例 He was 12 years old.（彼は12歳でした）

チャレンジ問題③ 🖊 ➡答えは P.182下

問1 次の文が成り立つように，（　）内に下のア〜エから正しいものを選び，記号で答えなさい。

(1) A lot of languages (　　) in India.
　　ア is speaking　　イ is spoke　　ウ is spoken　　エ are spoken　（　　）

(2) When Tom (　　) home, please tell him to call me tonight.
　　ア came　　イ comes　　ウ will come　　エ is coming　（　　）

問2 次の対話が成り立つように，（　）内に下のア〜エから正しいものを選び，記号で答えなさい。

A: What should we do for Mary's birthday?
B: Well, how about (　　) her some chocolate?
　　ア give　　イ buying　　ウ to give　　エ to buy　（　　）

問3 次の対話が成り立つように，（　）内の語を正しく並べかえて書きなさい。ただし，文頭の語も小文字で示してあります。

A: Do you know Kenji is in Australia now?
B: Yes. (there / studying / been / English / has) his dream since he was a child.
　　Yes. ＿＿＿＿＿＿＿＿＿＿＿＿＿＿＿ his dream since he was a child.

179

❶Craig was shocked by Iqbal's story. ❷He went to the library to get more information, and shared it in a speech to his classmates. ❸He invited them to join him in a fight against child labor. ❹Together with 11 of his friends, Craig formed a group named "Free The Children," or FTC in 1995.

❺FTC started collecting and sending petitions to political leaders and company presidents. ❻FTC members also gave speeches to students and other groups. ❼Craig was asked many questions that he could not answer, so he wanted to see child labor with his own eyes. ❽He and Alam Rahman, a young adult who had relatives in Bangladesh, traveled to Asia for seven weeks. ❾They visited Bangladesh, Thailand, India, Pakistan, and Nepal.

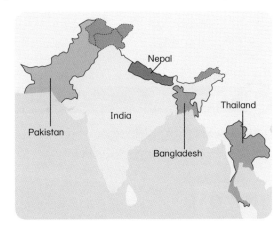

国名 Bangladesh（バングラデシュ）／ India（インド）／ Nepal（ネパール）／ Pakistan（パキスタン）／ Thailand（タイ）

日本語訳

❶クレイグはイクバルの話にショックを受けました。❷彼はもっと情報を得るために図書館に行き、クラスメートたちへのスピーチでそれを共有しました。❸彼は児童労働に対する戦いで彼に加わるように、彼らを誘いました。❹11人の友達といっしょに、クレイグは1995年に「フリー・ザ・チルドレン」、つまりFTCと名づけられたグループを結成しました。

❺FTCは、請願書を集めて、政治の指導者たちや企業の社長たちに送り始めました。❻FTCのメンバーはまた、学生やそのほかの集団に対してスピーチをしました。❼クレイグは自分が答えられない質問をたくさん受けたので、自分自身の目で児童労働を見たいと思いました。❽彼と、バングラデシュに親類がいる青年のアラム・ラーマンは、7週間アジアに出かけました。❾彼らはバングラデシュ、タイ、インド、パキスタン、そしてネパールを訪れました。

解 説

❶「～によってショックを受けた」という受け身の文です。

❷2つの文が and で結ばれています。to get ～ は「～を手に入れるために」で、目的を表す不

定詞の副詞的用法です。more は much の比較級で「もっと多くの」を表します。shared it in 〜 の shared は「〜を分かち合った［共有した］」，it は「手に入れた情報」をさします。

❸ He と him は Craig，them は his classmates をさします。〈invite + 人 + to 〜〉は「人を〜（するよう）に招待する［誘う］」，in a fight against 〜 は「〜に対する戦いにおいて［戦いの場で］」ということですが，「彼の児童労働反対運動に参加するように誘った」などと訳すこともできます。

❹ Together with 〜 は「〜といっしょに」で，With 〜 と言ってもほぼ同じです。11 of 〜 は「〜の（うちの）11人」という意味です。named 〜 は「〜と名づけられた」→「〜という名称の」で，前の名詞 a group をうしろから説明しています。or は「つまり，言いかえれば」という意味です。

❺ started -ing は「〜することを始めた」で，始めたのは collecting and sending petitions（請願書を集めて送ること）です。to 以下に，だれに送ったかが示されています。

❻ FTCは，❺の文で述べた活動のほかに，gave speeches to 〜 and …（〜や…に向かってスピーチをした）と書かれています。other（ほかの）は「学生以外の」ということです。

❼ 2つの文が so（それで）で結ばれています。前半は「たずねられた」という受け身の文，後半は「〜したいと思った」という文です。was asked many questions は「多くの質問をたずねられた［受けた］」という受け身です。many questions that 〜 では，関係代名詞 that 以下が前の名詞 many questions をうしろから説明し，「彼が答えられない多くの質問」という意味を表します。with his own eyes は「彼自身の目で」ということです。

❽ 主語は He and Alam Rahman，動詞は traveled です。a young adult who had relatives in Bangladesh（バングラデシュに親類がいる若い大人）はすぐ前の Alam Rahman の説明です。関係代名詞 who 以下が前の名詞 a young adult（若い大人，青年）をうしろから説明しています。

＊教科書の 📖 **Words & Phrases** で語句の意味を確認しよう。

📖 Question

How many friends did Craig form "Free The Children" with?

訳 クレイグは何人の友達と「フリー・ザ・チルドレン」を結成しましたか。

ヒント ❹の文に答えが書かれています。

解答例 He formed it together with 11 of his friends.
（彼は彼の友達のうちの11人と（いっしょに）それを結成しました）／
He formed it with his 11 friends.
（彼は彼の11人の友達とそれを結成しました）

❶Craig met and talked with many children who had experience as forced laborers. ❷Some of them came from poor families, and others had no family at all. ❸Every day, they worked from early morning until late at night and received almost no money. ❹Craig listened to all their stories and understood how important FTC was.

日本語訳

❶クレイグは強制労働者としての経験を持つ多くの子どもたちに会い，語り合いました。❷彼らの中には，貧しい家庭の出である者も，家族がまったくいない者もいました。❸毎日，彼らは朝早くから夜遅くまで働き，お金はほとんどもらえませんでした。❹クレイグは彼らの話をすべて聞き，FTCがどれほど大切かを理解しました。

解 説

❶many children who ～ では，関係代名詞 who 以下が前の名詞 many children をうしろから説明し，「強制労働者としての経験を持つ多くの子どもたち」という意味を表します。

❷Some ～ , and others .... (～した人たちもいれば，…した人たちもいた)という文です。them は，❶の many children who had experience as forced laborers をさします。had no family at all は「まったく家族がいなかった」ということです。at all を否定文で使うと「まったく～ない」という意味になります。

❸2つの文が and で結ばれています。from ～ until ... は「～から…まで」，late at night は「夜遅く」の意味です。received almost no money は「ほとんど(almost)お金を受け取らなかった[もらえなかった]」ということです。

❹2つの文が and で結ばれています。stories は story(話)の複数形，understood は understand (～を理解する)の過去形です。how important FTC was は「FTCがいかに重要か(ということ)」という意味で，was が使われているのは過去の文だからです。日本語に直すときは，「いかに重要だったか」ではなく「いかに重要か」とします。

＊教科書の ✎ **Words & Phrases** で語句の意味を確認しよう。

〔チャレンジ問題③の答え〕
問1 (1)エ　(2)イ　　　問2 イ　　　問3 Studying English there has been

📖 Question

Who did Craig meet and talk with in Asia?

訳 クレイグはアジアでだれと会って語り合いましたか。

ヒント ❶の文に答えが書かれています。

解答例 He met and talked with many children who had experience as forced laborers.
（彼は強制労働者としての経験を持つ多くの子どもたちに会い，語り合いました）／
He did so with many children who had experience as forced laborers.
（彼は強制労働者としての経験を持つ多くの子どもたちとそうしました）

チャレンジ問題 ④ 🖊 ➡答えは P.184下

問1 次の文が成り立つように，（　　）内に下のア〜エから正しいものを選び，記号で答えなさい。

(1) There is an interesting museum to （　　）in my city.

　ア open　　イ visit　　ウ arrive　　エ take　　　　　（　　　）

(2) How long have you （　　）in Japan, Emily?

　ア stay　　イ gone　　ウ are　　エ been　　　　　（　　　）

問2 次の対話が成り立つように，（　　）内に下のア〜エから正しいものを選び，記号で答えなさい。

(1) A: I think young people should study abroad if they have a chance.

　　B: I （　　）with you. I'd like to go to Australia to study English someday.

　ア think　　イ agree　　ウ know　　エ also　　　　　（　　　）

(2) A: Do you have any pets, Kazuo?

　　B: Yes, I have two dogs. One is small and （　　）is very big.

　ア another　　イ other　　ウ the other　　エ the others　　　　　（　　　）

問3 次の対話が成り立つように，（　　）内の語（句）を正しく並べかえて書きなさい。ただし，文頭の語も小文字で示してあります。

(1) A: Did you watch the soccer game on TV yesterday?

　　B: Yes, of course. （ me / so / it / excited / made ）.

　　Yes, of course. _____.

(2) A: Is this （ are / for / the umbrella / you / looking ）?

　　B: Yes, it is. Thank you, Makoto.

　　Is this _____?

(3) A: The cakes （ are / my sister / delicious / makes ）.

　　B: Wow! I hope I can try them someday.

　　The cakes _____.

❶ Soon, Craig and FTC were appearing in newspaper articles and on TV. ❷ FTC started to get more and more support, and its message began to spread outside Canada and around the world. ❸ About thirty years later, FTC is active in more than 45 countries, including Japan. ❹ In addition, millions of young people have attended FTC charity and educational events.

日本語訳

❶ やがて、クレイグとFTCは新聞記事やテレビに出るようになりました。❷ FTCはますます多くの支援を受け始め、そのメッセージはカナダの外に、そして世界中に広がり始めました。❸ 約30年後、FTCは日本を含む45を超える国々で活動中です。❹ さらに、数百万人の若者がFTCの慈善や教育の行事に参加してきました。

解説

❶「現れていました」→「出るようになっていました」という過去進行形の文です。「新聞記事に載る」は appear in newspaper articles、「テレビに出演する」は appear on TV ということに注意しましょう。

❷ 2つの文が and で結ばれています。started to ~ は「~し始めた」→「~するようになった」(= began to ~)、more and more ~ は「ますます多くの~」の意味です。spread outside Canada and around the world は「(クレイグの出身地である)カナダの外に、そして世界中に広がる」ということです。spread [outside Canada and around the world] と考えるとわかりやすいでしょう。

❸「約30年後」は、FTCが結成されてから約30年後ということです。active は「活発な」→「活動している」の意味の形容詞です。more than ~ は「~より多く」、including ~ は「~を含めて」という意味です。

❹「(すでに)~に参加した」という現在完了(完了用法)の文です。In addition は「さらに、それに加えて」で、❸の内容にもう1つ別の内容を追加することを表しています。millions of ~ は「数百万の~」、educational は education(教育)の形容詞形で「教育的な」という意味です。

*教科書の 📖 **Words & Phrases** で語句の意味を確認しよう。

〔チャレンジ問題④の答え〕
問1 (1)イ　(2)エ　　問2 (1)イ　(2)ウ　　　問3 (1)It made me so excited
(2)the umbrella you are looking for　　(3)my sister makes are delicious

📖 Question

What happened after Craig and FTC began appearing in newspapers and on TV?

訳 クレイグとＦＴＣが新聞紙上やテレビに出始めたあと，どうなりましたか。

ヒント 質問文の What は主語なので〈主語 + did.〉の形で答えるのがよいのですが，書きづらいので，❷の文をそのまま答えにしてかまいません。

解答例 FTC started to get more and more support, and its message began to spread outside Canada and around the world. (ＦＴＣはますます多くの支援を受け始め，そのメッセージはカナダの外に，そして世界中に広がり始めました)

チャレンジ問題⑤ ✏ ➡答えは P.187下

問1 次の文が成り立つように，（　）内に下のア～エから正しいものを選び，記号で答えなさい。

(1) My family and I went to Kyoto (　) August 10.

　　ア　at　　　イ　in　　　ウ　on　　　エ　for　　　　　　　　（　　）

(2) (　) you tell me how to get to the nearest station?

　　ア　Are　　　イ　Could　　　ウ　Were　　　エ　Have　　　　（　　）

問2 次の対話が成り立つように，（　）内に下のア～エから正しいものを選び，記号で答えなさい。

(1) A: Do you know where (　)?

　　B: Yes, I do. His house is in front of our school.

　　ア　is Tom　　　イ　lives Tom　　　ウ　does Tom live　　　エ　Tom lives　（　　）

(2) A: When was this picture (　)?

　　B: My father took it about five years ago.

　　ア　take　　　イ　took　　　ウ　taken　　　エ　taking　　　　（　　）

問3 次の対話が成り立つように，（　）内の語 (句) を正しく並べかえて書きなさい。ただし，文頭の語も小文字で示してあります。

(1) A: (like / you / better / which / do), dogs or cats?

　　B: I like cats better. I have had a cute cat for five years.

　　_____, dogs or cats?

(2) A: I (help / to / want / with / you / me) my homework. Are you busy after school?

　　B: No. I have nothing to do after school, so I can help you.

　　I _____ my homework. Are you busy after school?

(3) A: This is for you, Jane. I hope you will like it.

　　B: Thank you. I (read / to / have / this book / wanted) for a long time.

　　Thank you. I _____ for a long time.

❶Craig is around 40 now. ❷He and his brother Marc founded Me to We in 2008. ❸This organization is trying to change the world by inviting us all to take small steps in our daily lives. ❹Me to We sells goods made in developing countries by people in safe, healthy work environments. ❺It also offers speeches, workshops, international volunteer trips, and leadership training camps. ❻Thanks to people like Craig Kielburger, going to school may someday be part of everyday life for all children. ❼Craig's example teaches us an important lesson. ❽Even one person can help to make the world a better place by speaking out and working together with others. ❾This is something to think about.

日本語訳

❶クレイグは今40歳前後です。❷彼と兄のマークは2008年に「Me to We（ミー・トゥ・ウィー）」（「私」から「私たち」へ）を創設しました。❸この組織は，私たちみんなを毎日の生活の中で小さな歩みを進めるようにうながすことで，世界を変えようと努力しています。❹「ミー・トゥ・ウィー」は，開発途上国で，安全で健全な労働環境にいる人々によってつくられた商品を売っています。❺それはまた，スピーチ，研修会，国際ボランティア旅行，リーダーシップ訓練キャンプを提供しています。❻クレイグ・キールバーガーのような人たちのおかげで，学校に通うことはいつか，すべての子どもたちにとって毎日の生活の一部になるかもしれません。❼クレイグの例は私たちに大切な教訓を教えてくれます。❽たとえ一人であっても，はっきりと発言してほかの人々といっしょに活動することによって，世界をよりよい場所にする手助けができるのです。❾このことは，よく考えるべきことです。

解 説

❶around は about と同じく「約，ほぼ」という意味です。

❷founded は found（〜を創設する）の過去形です。Marc はクレイグの兄の名前ですね。組織名の Me to We（「私」から「私たち」へ）は，言いかえれば「個人から集団へ」「一人だけでなくみんなで（解決しよう）」ということです。

❸「〜することを試みている，〜しようと努力している」という現在進行形の文です。change the world は「世界を変える」，by -ing は「〜することによって」，〈invite ＋ 人 ＋ to ＋ 動詞の原形〉は「（人）に〜するように勧める［うながす］」，us all は「私たちみんな」，take small steps は「小さな［ささやかな］歩みを進める」という意味です。by 以下をまとめると，「私たちみんなを，私たちの毎日の生活の中で小さな歩みを進めるようにうながすことによって」と

なります。「ささやかな歩みを進める」とは「ささやかな行動を起こす」ということです。

❹「『Me to We』は商品を売っている」という文です。どのような商品かは made 以下に述べられています。in developing countries は「開発途上国で」，by people in safe, healthy work environments は「安全で健全な労働環境にいる人々によって」ということです。「安全で健全な労働環境」とは，教科書 p.108 の 3 ～ 4 行目に出てきた dirty and dangerous work for very little money（ほんのわずかなお金のための汚く危険な労働）とは正反対の労働環境をさしています。

❺ It は Me to We という組織をさしています。offer は「～を提供する」の意味で，offers 以下に提供するものが並んでいます。speeches は「スピーチ，講演」，workshops は「ワークショップ，研修会」，international volunteer trips は「国際ボランティア旅行」，leadership training camps は「リーダーシップ訓練キャンプ」という活動です。

❻ Thanks to ～ は「～のおかげで」，like ～ は「～のような」という意味です。この文の主語は going to school（学校に行くこと）であることに注意しましょう。may (someday) be ～ は「（いつか）～になるかもしれない」，part of everyday life は「毎日の生活の一部」という意味です。言いかえれば，学校に通うことがすべての子どもにとって（for all children）あたりまえのことになるかもしれないということです。

❼ Craig's example teaches us ～ .（クレイグの例は私たちに～を教えている）という文です。Craig's example（クレイグの例）とは，クレイグが発案し，やがて世界中に広がった活動をさします。lesson はここでは「教訓」という意味です。

❽ 主語の Even one person は「一人でさえ」という意味です。make ～ a better place は「～をよりよい場所にする」，by speaking out は「はっきりと話す［率直に意見を述べる］ことによって」，(by) working together with ～ は「～といっしょに働く［活動する］ことによって」ということです。

❾「このことは考えるべきことです」は，「このことは，よく考えるべきことです」ということです。This（このこと）は，❽ の文の内容全体をさします。something to ～ は「～すべき何か」→「～すべきこと」で，to ～ は不定詞の形容詞的用法です。

＊教科書の 📖 **Words & Phrases** で語句の意味を確認しよう。

〔チャレンジ問題⑤の答え〕

問1 (1) ウ　(2) イ　　問2 (1) エ　(2) ウ

問3 (1) Which do you like better　(2) want you to help me with

(3) have wanted to read this book

次の質問に英語で答えよう。

1. What is child labor?
2. What did Craig read about in the newspaper one day?
3. What was the first thing Craig did after reading Iqbal's story?
4. Why did Craig and Alam travel to Asia?
5. In how many countries is FTC active now?
6. What does Me to We do?

日本語訳と解答例

1. 児童労働とは何ですか。

   解答例-1 It is dirty and dangerous work for very little money that children under 18 years old do.

   （それは18歳未満の子どもたちがする，ほんのわずかなお金のための汚く危険な労働です）

   ➡教科書 p.108，3〜5行目

   解答例-2 It is the problem that children under 18 have to work for very little money.

   （それは18歳未満の子どもたちがわずかなお金のために働かなければならないという問題のことです）

   ➡教科書 p.108，3〜5行目

2. クレイグはある日，新聞で何について読みましたか。

   解答例 He read an article about a boy from Pakistan named Iqbal Masih.

   （彼はイクバル・マシーという名前のパキスタン出身の少年についての記事を読みました）

   ➡教科書 p.109，1〜3行目

3. イクバルの話［記事］を読んだあと，クレイグがした最初のことは何でしたか。

   解答例 He went to the library to get more information, and shared it in a speech to his classmates.

   （もっと情報を得るために図書館に行き，クラスメートたちへのスピーチでそれを共有しました）

   ➡教科書 p.110，1〜2行目

4. クレイグとアラムはなぜアジアに旅行したのですか。

解答例-1 Because they wanted to see child labor with their own eyes.

(彼らは自分自身の目で児童労働を見たかったからです)

➡教科書 p.110，7～10行目

解答例-2 To see child labor with their own eyes and meet and talk with many children who had experience as forced laborers.

(彼ら自身の目で児童労働を見て，強制労働者としての経験を持つ多くの子どもたちに会い，語り合うためです)

➡教科書 p.110，7行目～教科書 p.111，2行目

5. FTCは今，何か国で活動していますか。

解答例 It is active in more than 45 countries, including Japan.

(それは日本を含む45を超える国々で活動しています)

➡教科書 p.112，3～4行目

6. 「ミー・トゥー・ウィー」は何をしますか。

解答例 It sells goods made in developing countries by people in safe, healthy work environments. It also offers speeches, workshops, international volunteer trips, and leadership training camps.

(それは開発途上国で，安全で健全な労働環境にいる人々によってつくられた商品を売っています。それはまた，スピーチ，研修会，国際ボランティア旅行，リーダーシップ訓練キャンプを提供しています)

➡教科書 p.113，3～6行目

Practice ✏

John Mung　ジョン万次郎

漁に出たまま遭難し，捕鯨船に助けられてアメリカに渡ったジョン万次郎。時は鎖国の江戸時代。日本に帰ることもできず，ことばの異なる地で，英語を身につけ，強く生き抜いていきます。

➡教科書 p.114

❶ Manjiro's story starts when he was born in 1827. ❷ He was a fisherman in Nakanohama, Tosa, but he became one of the first Japanese to live in the United States. ❸ He returned to Japan only two years before Perry's visit.

❹ When he was 14, his boat was wrecked. ❺ Manjiro and four other fishermen swam to an island. ❻ There were no people living on the island. ❼ They ate albatrosses and drank rainwater.

❽ After 143 days, they were saved by an American whaling ship, the John Howland. ❾ Captain Whitfield liked Manjiro and named him John after the ship. ❿ John Mung became his nickname.

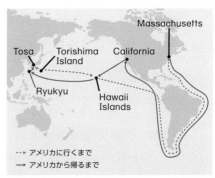

▲万次郎の移動経路（概略）

日本語訳

❶万次郎の物語は，1827年に彼が生まれたときに始まります。❷彼は土佐国中ノ浜の漁師でしたが，アメリカ合衆国で暮らした最初の日本人の一人になりました。❸彼はペリー来航のわずか2年前に日本に戻りました。

❹14歳のとき，彼の船が難破しました。❺万次郎とほかの4人の漁師は，ある島まで泳ぎました。❻その島に住んでいる人は一人もいませんでした。❼彼らはアホウドリを食べ，雨水を飲みました。

❽143日後，彼らはアメリカの捕鯨船，ジョン・ハウランド号に救助されました。❾ホイットフィールド船長は万次郎が気に入り，その船にちなんで彼をジョンと名づけました。❿ジョン・マンは彼の愛称になりました。

解説

❶Manjiro's story（万次郎の物語）とは，「万次郎の波乱に満ちた生涯（の物語）」というほどの意味です。なお，1827年は明治維新（1868）の41年前にあたります。

❷ 2つの文が but で結ばれています。Tosa（土佐）は現在の高知県です。the first Japanese to ～ は「～した最初の日本人」で，to ～ は不定詞の形容詞的用法です。関係代名詞を使って言いかえると，the first Japanese who lived in the United States となります。

❸ only two years before ～ は「～のわずか2年前に」，visit は「訪問」という意味です。ペリーが率いる「黒船」の浦賀来航は1853年（嘉永6年）のことなので，万次郎は1851年（嘉永4年）に日本に戻ったことになります。ここまでがこの読み物の導入部分，つまり「まえがき」にあたります。

❹ wreck は「（船）を難破させる，（車など）を破壊する」の意味なので，was wrecked で「難破させられた」→「難破した」という受け身になります。his boat とは，彼が乗っていた漁船のことです。

❺ four other ～ は「4人のほかの～」，fishermen は fisherman（漁師）の複数形です。swam to ～ は「～まで泳いだ」で，swam は swim の過去形です。

❻ There were ～ . は「（複数の人）がいた」ですが，主語が no people なので「だれも[一人も]いなかった」という意味になります。people living ～ では，living 以下が前の名詞 people をうしろから説明し，「その島に住んでいる人々」という意味を表します。

❼ ate は eat の過去形，drank は drink の過去形です。万次郎たちは無人島で生き延びるために「アホウドリを食べ，雨水を飲んだ」のです。

❽「～によって救助された」という受け身の文です。the John Howland は，直前の an American whaling ship（アメリカの捕鯨船）の補足説明です。

❾ 2つの文が and で結ばれています。named him John は「彼をジョンと名づけた」，after ～ は「～にちなんで」ということです。船の名前が John Howland なので，船長は万次郎に John という名前をつけたのです。

❿ Mung は，万次郎の「万」を英語で言ったものです。このときから，万次郎は「ジョン・マン」とニックネームで呼ばれるようになりました。

＊教科書の 📖 **Words & Phrases** で語句の意味を確認しよう。

📖 Question

What did Manjiro and the other fishermen eat and drink on the island?

訳 万次郎とほかの漁師たちは島で何を食べ，飲みましたか。

ヒント ❼の文に答えが書かれています。

解答例 They ate albatrosses and drank rainwater.
　　　　（彼らはアホウドリを食べ，雨水を飲みました）

❶The ship went to Hawaii. ❷There, everything was new to Manjiro—beds, forks, knives, everything. ❸He had a very good ear, and he learned English very quickly.

❹Two years later, when the John Howland was going to return to Massachusetts, Captain Whitfield wanted to take John Mung home with him and give him an education. ❺Manjiro decided to go with the captain. ❻He wanted to see the new world.

❼In Massachusetts, Manjiro went to elementary school. ❽He was a very polite, kind, and eager student.

日本語訳

❶船はハワイに行きました。❷そこでは，何もかもが万次郎には初めてでした—ベッド，フォーク，ナイフ，何もかもです。❸彼は耳がとてもよく，非常に速く英語を身につけました。

❹その２年後，ジョン・ハウランド号がマサチューセッツ州に戻ろうとしていたとき，ホイットフィールド船長はジョン・マンを彼と共に自国に連れて行き，彼に教育を受けさせたいと思いました。❺万次郎は船長といっしょに行こうと決心しました。❻彼は新しい世界を見たかったのです。

❼マサチューセッツ州で，万次郎は小学校に通いました。❽彼はとても礼儀正しく，親切で，熱心な生徒でした。

解説

❷ There (そこで)は In Hawaii (ハワイでは)と言いかえられます。everything was new to ～ は「すべてのものは～にとって新しかった［目新しかった，初めてだった］」という意味で，ダッシュ(―)以下は everything の具体的な説明です。everything は 3 人称単数扱いなので，be 動詞が were ではなく was になっていることに注意しましょう。また，knife (ナイフ)の複数形が knives であることも確かめておきましょう。

❸ 2 つの文が and で結ばれています。had a very good ear (とてもよい耳を持っていた)とは，「耳がよかった」→「音感が優れていた」ということです。learned は「学んだ」→「身につけた」という意味です。

❹ Two years later (2 年後)とは「ハワイに着いてから 2 年後」ということです。コンマではさまれた when ～ は，その「2 年後」がどんな時であったかの補足説明で，was going to return to ～ は「～に戻ろうとしていた」という意味です。take ～ home はここでは「～を自国に連れて行く」，with him の him は Captain Whitfield をさし，give him の him は Manjiro をさします。give ～ an education は「～に教育をほどこす［受けさせる］」という意味です。

❺ decided to ～ で「～することに決めた」の意味を表します。なぜそうすることに決めたのかは，次の文に書かれています。

❼ elementary school は「小学校」のことです。「学校に通う」の意味のときは，「学校」の前に冠詞 (a, an, the) をつけません。

❽ student の前に 3 つの形容詞 polite, kind, eager が並んでいます。このようなときは，最後の形容詞の前にだけ and をつけます。polite は「礼儀正しい」，eager は「熱心な」という意味です。

＊教科書の 📖 **Words & Phrases** で語句の意味を確認しよう。

Question

Why did Manjiro decide to go with Captain Whitfield?

訳 万次郎はなぜホイットフィールド船長といっしょに行くことに決めたのですか。

ヒント ❻の文に答えが書かれています。

解答例 Because he wanted to see the new world.
（彼は新しい世界を見たかったからです）

193

❶The Whitfields went to church on Sundays, but their church didn't want Manjiro to attend the service. ❷It was only for white people. ❸Mr. Whitfield found a church that Manjiro could go to and he went there, too.

❹When Manjiro was 17, he started to go to a navigation school. ❺There he studied math and sailing, among other things. ❻After he finished school at 19, he became a sailor. ❼When he came back three and a half years later in 1849, he lived with the Whitfields again for two months.

❽During all this time Manjiro missed his mother. ❾He wanted to go back to Japan, but he didn't have enough money to do it.

日本語訳

❶ホイットフィールドの一家は日曜日に教会へ行きましたが，彼らの教会は万次郎に礼拝に出席してもらいたくありませんでした。❷それは白人だけのものでした。❸ホイットフィールドさんは万次郎が行ける教会を見つけ，自分もそこに行きました。

❹万次郎が17歳のとき，彼は航海学校に通い始めました。❺そこで彼は，とりわけ数学と航海術を学びました。❻19歳で学校を終えたあと，彼は船乗りになりました。❼3年半後の1849年に戻ったとき，彼はふたたび2か月間，ホイットフィールド一家と暮らしました。

❽この間ずっと，万次郎は母を恋しく思っていました。❾彼は日本に戻りたいと思いましたが，そうするだけのお金がありませんでした。

解説

❶ 2つの文が but で結ばれています。Whitfield に s がついていますが，the Whitfields で「ホイットフィールド家（の人たち）」を表します（= the Whitfield family）。〈didn't want ＋ 人 ＋ to ～〉は「（人）に～してほしくなかった」という意味です。

❷ It は their church をさします。only for ～ は「～のためだけ」という意味です。

❸ a church that ～ では，関係代名詞 that ～ to が前の名詞 a church をうしろから説明し，「万次郎が行ける教会」という意味を表します。and のあとの he は，Mr. Whitfield をさします。

❹ started to ～ は「～し始めた」，a navigation school は「航海学校」のことです。

❺ There（そこで）は At the navigation school と言いかえられます。among other things（= among others）は「ほかにいろいろある中でも」→「とりわけ，特に」という意味を表します。

❻ at 19（19歳で）は，at the age of 19 と言いかえられます。

❼ three and a half years later は「3年半後に」で，in 1849 はその年を具体的に言ったものです。「3年半後の1849年に」と訳すことができます。

❽ During all this time（このときのすべての間）とは，ふたたびホイットフィールド家で暮らした期間をさします。miss は「～がいなくて寂しい」という意味の動詞です。missed his mother は「母を恋しく思った」などと訳すこともできます。

❾ 2つの文が but で結ばれています。enough money to ～ は「～するための十分なお金」→「～する（ことができる）だけのお金」ということです。文末の do it は「日本に帰る」ことをさします。

＊教科書の 📖 **Words & Phrases** で語句の意味を確認しよう。

📖 Question

How old was Manjiro when he started to go to a navigation school?

訳 航海学校に通い始めたとき，万次郎は何歳でしたか。

ヒント ❹の文に答えが書かれています。

解答例 He was 17 (years old).
（彼は17歳でした）

❶The year 1849 was a big year for the "Gold Rush." ❷Thousands of people went to California to find gold. ❸Manjiro didn't miss the chance. ❹In about 70 days, he saved enough for his trip back to Japan.

❺Manjiro wanted to go right back to Tosa, but he couldn't because in those days Japan's doors were closed to other countries. ❻Anyone from a foreign country was caught and sent to prison. ❼So he got off the ship near Ryukyu in 1851. ❽Still, he was caught and questioned there for seven months.

❾After one year, he finally went back to his hometown. ❿He was able to see his mother, brothers, and sisters.

日本語訳

❶1849年という年は「ゴールド・ラッシュ」にとって重大な年でした。❷何千もの人々が金を見つけるためにカリフォルニア州に行きました。❸万次郎はそのチャンスを見逃しませんでした。❹約70日で，彼は日本へ戻る旅ができるだけの蓄えをしました。

❺万次郎は土佐にまっすぐ戻りたかったのですが，当時，日本の門戸はほかの国々に対して閉ざされていたためできませんでした。❻外国から戻った者はだれでも，捕えられ，ろう獄に送られました。❼そこで彼は1851年に琉球の近くで船を降りました。❽それでも，彼は捕えられ，7か月間そこで取り調べを受けました。

❾1年後，彼はやっと自分の故郷の町に戻りました。❿彼は母や兄弟姉妹たちに会うことができました。

解 説

❶a big year は「重大な年」ということです。「ゴールド・ラッシュ」は，1848年頃にカリフォルニア州で金脈が発見され，そこへ金鉱目当ての多くの人間が殺到したことをさします。

❷Thousands of ～ は「数千の～」という意味です。

参考 hundreds of ～「数百の～」, millions of ～ 「数百万の～」

to find ～ は 「～を見つけるために」で, 目的を表す不定詞の副詞的用法です。

❸この文の miss は 「～を見逃す[見落とす]」という意味です。帰国費用をかせぐために, 万次郎も金を見つけにカリフォルニア州に出かけたのです。

❹In ～ は「～で, ～後に」を表します。saved enough for ～ は「～のための十分な量を蓄えた」ということで, enough は enough money をさします。

❺2つの文が but で結ばれています。前半の go right back to ～ は「～にまっすぐ戻る」, 後半の he couldn't because ～（～だったので彼はできなかった）では, couldn't のあとに go right back to Tosa が省略されています。in those days は「当時」, 受け身の were closed to ～ は「～に対して閉ざされていた」で, 徳川幕府の鎖国政策をさしています。

❻「捕まって送られた」という受け身の文で, caught は catch の, sent は send の過去分詞形です。主語の Anyone from a foreign country は「外国からの人はだれでも」→「外国から戻って来た日本人はだれでも」ということです。当時は, たとえ船が難破して漂流した場合でも, 国外に出たことは犯罪とみなされていました。

❼So は「そこで, それで」, got off ～ は「～を降りた」という意味です。

❽「捕まって質問された」という受け身の文で, questioned は question（～に質問[尋問]する）の過去分詞形です。Still は「それでも」という意味で,「戻った場所が琉球の近くであっても」ということです。there（そこで）は near Ryukyu「琉球の近くで」をさします。

❾After one year（1年後）は, 1851年の1年後, つまり1852年をさします。船の難破（1941年, 万次郎14歳のとき）から11年後に, 彼はやっと故郷の土佐に帰ることができました。

❿was able to ～ は 「～することができた」という意味です。

＊教科書の 📖 **Words & Phrases** で語句の意味を確認しよう。

📖 Question

How long was Manjiro kept and questioned in Ryukyu?

訳 万次郎は琉球にどれくらい（長く）引き止められ, 尋問されましたか。

ヒント ❽の文を参考にして, kept と questioned を使った受け身の文で答えましょう。

解答例 He was kept and questioned there for seven months.

（彼はそこに7か月間, 引き止められ, 尋問されました）

❶ The next year the Kurofune, or black ships, came to Uraga. ❷ Manjiro was the only person who knew anything about America. ❸ He was also the only person who spoke English well. ❹ The Tokugawa Government called him to Edo. ❺ Manjiro was made a samurai. ❻ His name was changed to Nakahama Manjiro. ❼ The meeting with Perry went well because of Manjiro's help.

❽ In 1860, the Tokugawa Government sent a group of messengers to the United States in an American ship. ❾ A Japanese ship, the Kanrin-maru, also went to the United States. ❿ Katsu Kaishu was the captain of the ship. ⓫ Fukuzawa Yukichi was also on the ship. ⓬ Manjiro went along as interpreter.

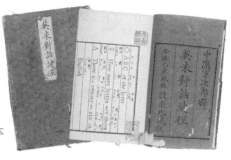

万次郎が日常会話などを
集めてつくった英会話の教本
『英米対話 捷 径』

日本語訳

❶その翌年，「黒船」つまり黒い船が浦賀にやって来ました。❷万次郎はアメリカについて何でも知っている唯一の人間でした。❸彼はまた，英語をじょうずに話す唯一の人間でもありました。❹徳川幕府は彼を江戸に呼びだしました。❺万次郎は，さむらい(侍)に取り立てられました。❻彼の名前は中浜万次郎に変えられました。❼万次郎の助けのおかげで，ペリーとの会談はうまくいきました。

❽1860年に，徳川幕府はアメリカの船で使節団をアメリカ合衆国に派遣しました。❾日本船の咸臨丸もアメリカ合衆国に行きました。❿勝海舟はその船の船長でした。⓫福沢諭吉もその船に乗っていました。⓬万次郎は通訳者として同行しました。

解説

❶ The next year（その翌年）は，万次郎が故郷に帰った1852年の翌年（1853年）のことです。or は「すなわち，言いかえれば」で，Kurofune という日本語の意味を英語で補足説明しています。

❷ the only person who ～ では，関係代名詞 who 以下が前の名詞 the only person（ただ一人の人）をうしろから説明し，「アメリカについて何でも知っている唯一の人」という意味を表します。knew と過去形になっているのは過去の文だからです。

❸ これも関係代名詞 who を使った文で，who 以下が前の名詞 the only person をうしろから説明し，「英語をじょうずに話す唯一の人」という意味を表します。

❹ 〈call ＋ 人 ＋ to ～〉は「（人）を～に呼ぶ［呼びだす］」という意味です。

❺ 「～にされた」という受け身の文です。make は「～を…に（任命）する」の意味で使われています。「さむらいに取り立てられた」ということです。

❻ 「変えられた」という受け身の文です。was changed to ～ で「～に変えられた」という意味を表します。

❼ The meeting with Perry（ペリーとの会議）は，ペリーと徳川幕府の間の会談をさします。went well は「うまくいった」，because of ～ 「～のために，～のせいで」（＝ thanks to ～「～のおかげで」）という意味です。

❽ sent ～ to ... は「～を…に送った［派遣した］」，a group of messengers は「使節団」の意味です。

❿ ⓫ 咸臨丸には勝海舟（船長）と福沢諭吉も乗っていたことが書かれています。

⓬ went along は「ついて行った，同行した」，as ～ は「～として」ということです。interpreter ［インタープリタ］（通訳者）の発音に注意しましょう。

＊教科書の 📖 **Words & Phrases** で語句の意味を確認しよう。

📖 Question

Why was Manjiro called to Edo?

訳 万次郎はなぜ江戸に呼びだされたのですか。

ヒント ❷と❸の文に，その理由が書かれています。2つの文を1つにまとめて答えてみましょう。

解答例 Because he was the only person who knew anything about America and spoke English well.

（彼はアメリカについて何でも知っていて，英語をじょうずに話す唯一の人間だったからです）

❶The ships arrived in San Francisco. ❷The Japanese messengers were warmly welcomed. ❸American people were very surprised when Manjiro spoke English naturally.

❹Manjiro wrote several textbooks. ❺For example, he wrote an English textbook and a textbook on navigation. ❻He was the first Japanese teacher who taught English. ❼His life was full of hardships, but he tackled them bravely. ❽He never gave up. ❾He wanted Japan to open its doors. ❿More than anything, he was a bridge between Japan and America.

日本語訳

❶それらの船はサンフランシスコに到着しました。❷日本の使者たちは温かく迎えられました。❸万次郎が英語を自然に話したとき，アメリカの人々はとても驚きました。

❹万次郎は数冊の教科書を書きました。❺たとえば，彼は英語の教科書や航海術の教科書を書きました。❻彼は英語を教えた最初の日本人教師でした。❼彼の人生は苦難に満ちていましたが，彼は勇敢にそれらに取り組みました。❽彼は決してあきらめませんでした。❾彼は日本が門戸を開くことを望んでいました。❿何よりも，彼は日本とアメリカの間の懸け橋でした。

解 説

❶「～に到着する」は arrive in ～ または arrive at ～ といいますが，in は比較的広いと思われる場所に着くときに使います。

❷「歓迎された」という受け身の文です。warmly（温かく）は warm（温かい）の副詞形です。

❸naturally（自然に）は natural（自然の）の副詞形です。

❹several textbooks（数冊の教科書）は some textbooks（何冊かの教科書）とほぼ同じ意味ですが，several は some と違って，数えられない名詞の前には使えません。

❺For example, ～（たとえば～）と，❹の文の textbooks の例を述べています。a textbook on ～ は「～についての［関する］教科書」で，on は about と言いかえられます。

❻the first Japanese teacher who ～ では，関係代名詞 who 以下が前の名詞 the first Japanese teacher をうしろから説明し，「英語を教えた最初の日本人教師」という意味を表します。taught は teach の過去形です。

❼2つの文が but で結ばれています。was full of ～ は「～に満ちていた」，hardships は「苦難」（「さまざまな苦難」を表すので複数形になっています），tackled は tackle（～に取り組む）の過去形です。them は hardships をさしています。

❽never は「決して〜しない」，gave up は「あきらめた」という意味です。

❾〈want + もの + to + 動詞の原形〉で「(もの)に〜してほしい」という意味を表します。「日本にそのドアを開けて[門戸を開いて]ほしかった」は「日本に(鎖国政策を止めて)開国してもらいたかった」ということです。

❿More than anything は「どんなこと以上に」→「何よりも」と考えます。between 〜 and ... は「〜と…の間の」という意味ですね。

＊教科書の 📖**Words & Phrases** で語句の意味を確認しよう。

Comprehension Check

本文の内容と合っている英文を選び，(　　)に○を記入しよう。

1. Manjiro and four fishermen went to Massachusetts with Captain Whitfield. (　　　)
2. Manjiro didn't go to church at all in America. (　　　)
3. Manjiro studied math and sailing at a school in America. (　　　)
4. Manjiro tried to find gold in California because he wanted to come back to Japan. (　　　)
5. When Manjiro went back to his hometown after 11 years, he couldn't meet his family there. (　　　)
6. Manjiro had a chance to go to America again as interpreter. (　　　)

日本語訳と解答例

(1) 万次郎と４人の漁師はホイットフィールド船長といっしょにマサチューセッツ州に行った。
　　➡教科書 p.115，１行目（行ったのはハワイ）　　　　　　　　　　　　　　　　(×)

(2) 万次郎はアメリカではまったく教会に行かなかった。　　　　　　　　　　　　(×)
　　➡教科書 p.116，２〜３行目

(3) 万次郎はアメリカの学校で数学と航海術を勉強した。　　　　　　　　　　　　(○)
　　➡教科書 p.116，４〜５行目

(4) 日本に戻りたかったので，万次郎はカリフォルニア州で金を見つけようとした。　(○)
　　➡教科書 p.117，１〜３行目

(5) 万次郎が11年後に故郷に戻ったとき，彼はそこで家族に会うことができなかった。(×)
　　➡教科書 p.117，９〜10行目

(6) 万次郎は通訳者としてふたたびアメリカに行くチャンスがあった。　　　　　　(○)
　　➡教科書 p.118，最終行

Activities Plus 1

➡教科書 p.122

Questions & Answers 質問に2文以上で答えよう。

■教科書の英文と日本語訳を比べてみよう。

	質問　Questions	応答例　Sample Answers
1	あなたは将棋のやり方を知っていますか。	はい，知っています。私はときどき友人たちと将棋をして楽しみます。
2	あなたは家族に何をしてもらいたいですか。	私は兄に数学を教えてもらいたいです。彼は数学が得意です。
3	あなたはごはんとパンではどちらのほうが好きですか。	私はパンのほうが好きです。私は朝食にトーストを1枚食べます。
4	スポーツをすることはあなたにとってわくわくしますか。	はい，わくわくします。バスケットボールをすることは私にとってわくわくします。
5	あなたは私たちの担任教師の誕生日がいつか知っていますか。	はい，知っています。彼の誕生日は8月3日です。
6	あなたの春休みはどうでしたか。	静かでした。休暇の間，私は家にいて勉強しました。
7	あなたはどの季節がいちばん好きですか。	私は冬がいちばん好きです。私は暑い天気が好きではありません。
8	あなたが子どもだったとき，あなたの家族はあなたを何と呼びましたか。	彼らは私をタアちゃんと呼びました。タアはタツオという私の名の略です。
9	あなたは落語に興味がありますか。	はい，あります。私はテレビでそれを見て，去年それに興味を持つようになりました。
10	あなたはどんな種類の音楽がいちばん好きですか。	私は日本のポップ音楽がいちばん好きです。私のお気に入りのグループはAKB48です。
11	コンピューターを使うことはあなたにとって難しいですか。	私はときどきそれが難しいと感じます。私はそれの使い方をもっとよく学びたいです。
12	あなたの家族はあなたに何をするように言いますか。	母はしばしば私にもっと勉強するように言います。私はそれを聞くのが好きではありません。
13	あなたの学校はいつ設立されましたか。	それは90年前に設立されました。私たちの学校は私たちの地域で最も古い学校の1つです。
14	あなたはどの教科がいちばん好きですか。	私は数学がいちばん好きです。数学の問題を解くことはとてもわくわくします。
15	あなたはどうやって学校に来ますか。	私は歩いて学校に来ます。約10分かかります。

Topics for Speaking　即興のチャットやスピーチをしてみよう。➡教科書 p.123

■教科書の英文と日本語訳を比べてみよう。

	話題 Topics	チャットで使う質問例　Sample Questions
1	スポーツ	あなたはどのスポーツがいちばん好きですか。 あなたはスポーツをすることに興味がありますか。
2	春休み	あなたの春休みはどうでしたか。 あなたは春休みの間に何をしましたか。
3	音楽	あなたは音楽に興味がありますか。 あなたはどんな種類の音楽が好きですか。
4	コンピューターを使うこと	コンピューターを使うことはあなたにとって簡単ですか。 あなたはしばしばコンピューターを使いますか。
5	私たちの学校	あなたは私たちの学校がいつ設立されたか知っていますか。 私たちの学校のよい点は何ですか。
6	教科	あなたはどの教科がいちばん好きですか。 あなたのお気に入りの教科は何ですか。

即興スピーチにチャレンジ！　Impromptu Speech

■教科書の英文と日本語訳を比べてみよう。

例
1. サッカーの試合を見ることはわくわくします。私はサッカーをあまりじょうずにできません。私のお気に入りの選手は大迫勇也です。
2. 私の春休みはすばらしかったです。私は家族と北海道に行きました。私たちはスキーとスノーボードをして楽しみました。
3. 私はギターを弾くことに興味があります。私はギターを持っていないので，来年それを買うつもりです。私は友達のタケルのようなじょうずな演奏者になりたいです。
4. コンピューターを使うことは私にとって簡単ではありません。私は自分のものを持っていないので，父のものを使います。私はコンピューターをもっと上手に使う方法を学びたいです。
5. 私たちの学校には約400人の生徒がいます。それは約20年前に設立されました。施設はすばらしいです。
6. 私はすべての教科のうちで英語がいちばん好きです。それはおもしろいです。私は数学が得意ではないので，数学をもっと一生懸命に勉強しなければなりません。

Activities Plus 2

➡教科書 p.124

Questions & Answers 質問に２文以上で答えよう。

■教科書の英文と日本語訳を比べてみよう。

	質問　Questions	応答例　Sample Answers
1	あなたは今までに外国に行ったことがありますか。	はい，あります。私は韓国に２回行ったことがあります。
2	あなたは昨晩の９時30分に何をしていましたか。	私は勉強していました。私は毎日いつも７時から10時30分まで勉強します。
3	あなたは落語に興味がありますか。	はい，あります。私は落語を一度見たことがあります。
4	あなたはどんな種類の食べものがいちばん好きですか。	私は日本料理がいちばん好きです。私はすしを食べるのが好きです。
5	あなたはスポーツをすることとスポーツを見ることのどちらのほうが好きですか。	私はスポーツをすることのほうが好きです。スポーツをすることは私をわくわくさせます。
6	コンピューターを使うことはあなたにとって簡単ですか。	はい，簡単です。私はしばしば英語を勉強するときにそれを使います。
7	あなたは今までに『赤毛のアン』を読んだことがありますか。	いいえ，ありません。私はただその題名だけ知っています。
8	あなたは今晩何をする予定ですか。	まだ決めていません。たぶん私は英語を勉強してテレビを見るでしょう。
9	あなたの家族の中でいちばん背が高いのはだれですか。	父です。私は今年，父よりも背が高くなると思います。
10	あなたの家にはマンガ本が何冊ありますか。	約100冊あります。私の姉［妹］もマンガ本を読むのが好きです。
11	あなたの家族はあなたに何をするように言いますか。	母は私に11時までに寝るように言います。私はときどき夜ふかしをします。
12	あなたは今までに有名人を見かけたことがありますか。	はい，あります。私は去年AKB48のメンバーの一人を見かけました。
13	あなたは英語を学ぶことは小さな子どもたちにとって大切だと思いますか。	いいえ，思いません。彼らはまず日本語を学ぶべきです。
14	あなたはのどが渇いたとき何を飲むのが好きですか。	私は冷たい水を飲むのが好きです。私はのどが渇いたとき甘いジュースを飲むのが好きではありません。
15	あなたは日本のどこに行きたいですか。	私は沖縄に行きたいです。私はそこに一度も行ったことがありません。

Topics for Speaking　即興のチャットやスピーチをしてみよう。➡教科書 p.125

■教科書の英文と日本語訳を比べてみよう。

	話題　Topics	チャットで使う質問例　Sample Questions
1	外国に行くこと	あなたは今までに外国に行ったことがありますか。 あなたはどの国に行きたいですか。
2	食べもの	あなたはどんな種類の食べものがいちばん好きですか。 あなたは今までに家族のために料理をしたことがありますか。
3	スポーツ	あなたはスポーツをすることとスポーツを見ることのどちらのほうが好きですか。 あなたはスポーツをすることが得意ですか。
4	マンガ本	あなたはマンガ本を読むことに興味がありますか。 あなたの家にはマンガ本が何冊ありますか。
5	有名人	あなたは今までに有名人を見かけたことがありますか。 私たちの都市に有名人がだれか住んでいますか。
6	英語を学ぶこと	あなたは英語を学ぶことは若い子どもたちにとって大切だと思いますか。 私たちはなぜ英語を学ぶべきですか。

即興スピーチにチャレンジ！　Impromptu Speech

■教科書の英文と日本語訳を比べてみよう。

例
1. 私は外国に一度も行ったことがありません。私はミュージカルが好きなので，アメリカ合衆国のニューヨークに行きたいです。私はブロードウェイでミュージカルを見たいです。
2. 私は中華料理がいちばん好きです。私の家族はしばしば中華料理店に行きます。私はぎょうざを食べるのが好きです。
3. 私はスポーツをすることも見ることも好きではありません。私はスポーツに興味がありません。私はスポーツをすることも得意ではありません。
4. 私はマンガ本を読むことが好きです。私の家にはマンガ本が約150冊あります。私の母は『ワンピース』のシリーズを集めました。
5. 私は有名人を一度も見かけたことがありませんが，母はある有名歌手を見かけたことがあります。私は大坂なおみに会って彼女と話したいです。私は彼女の大ファンです。
6. 私は英語を学ぶことは若い子どもたちにとって大切だと思います。外国語を学ぶことは中学生より彼らのほうがより簡単です。英語は私たちにとって本当に大切です。

Activities Plus 3

➡教科書 p.126

Questions & Answers　質問に２文以上で答えよう。

■教科書の英文と日本語訳を比べてみよう。

	質問　Questions	応答例　Sample Answers
1	あなたはペットを何か飼っていますか。	はい，飼っています。私はイヌを１匹飼っていて，毎朝彼（かれ）を散歩させます。
2	あなたは今までに有名画家によって描（か）かれた絵を見たことがありますか。	はい，あります。私は東京の美術館でピカソによって描かれた絵を見ました。
3	あなたの担任教師は私たちの学校でどれくらい（長く）教えていますか。	彼／彼女（かのじょ）は私たちの学校で２年間教えています。彼／彼女はすばらしい先生です。
4	あなたは踊（おど）ることに興味がありますか。	はい，あります。私自身はじょうずに踊ることができませんが，踊りを見ることが好きです。
5	あなたは長い間ここに住んでいるのですか。	はい，そうです。私は生まれてから（ずっと）この町に住んでいます。
6	あなたは紙のツルのつくり方を知っていますか。	はい，知っています。私は折り紙が得意です。
7	あなたは今までにハロウィーン用の衣装を着たことがありますか。	いいえ，ありません。私は恐（おそ）ろしい衣装を着てハロウィーンのパレードに参加したいです。
8	あなたはドラえもんはのび太にとってためになっていると思いますか。	いいえ，思いません。ドラえもんはしばしばのび太を甘やかします。
9	あなたはどれくらい（長く）英語を学んでいますか。	私は英語を５年間学んでいます。私は英語のじょうずな話し手になりたいです。
10	あなたはドローンに興味がありますか。	はい，あります。私たちはいろいろな方法でドローンを使うことができると思います。
11	あなたはどれくらいよくテレビでニュース番組を見ますか。	私はまったくニュース番組を見ません。しかし，私は新聞を読みます。
12	あなたは自由な時間に何をするのが好きですか。	私はプールに泳ぎに行くのが好きです。私は平泳ぎが得意です。
13	あなたはどんな種類の映画がいちばん好きですか。	私はアクション映画がいちばん好きです。私のお気に入りの俳優はトム・クルーズです。
14	あなたは留学することに興味がありますか。	はい，あります。私はフランス語を学ぶためにフランスに行きたいです。
15	あなたはすべての中学生がクラブ活動に参加すべきだと思いますか。	はい，思います。私たちはクラブ活動から多くのことを学びます。

Topics for Speaking　即興のチャットやスピーチをしてみよう。➡教科書 p.127

■教科書の英文と日本語訳を比べてみよう。

	話題 Topics	チャットで使う質問例　Sample Questions
1	ペット	あなたはペットを何か飼っていますか。 あなたはイヌを飼っていますか。
2	踊ること	あなたは踊ることが得意ですか。 あなたは踊ることに興味がありますか。
3	折り紙	あなたは折り紙が好きですか。 あなたは折り紙が得意ですか。
4	ドローン	あなたはドローンに興味がありますか。 あなたはドローンを持っていますか。
5	自由時間	あなたはふつう自由な時間に何をしますか。 あなたは自由な時間に何をすることが好きですか。
6	留学	あなたは外国で勉強したいですか。 あなたは留学についてどう思いますか。

即興スピーチにチャレンジ！　Impromptu Speech

■教科書の英文と日本語訳を比べてみよう。

例　1.　今はペットを何も飼っていませんが，鳥を1羽飼っていました。それはかわいくて，私は大好きでした。それが死んだとき，私は悲しかったです。

2.　私は踊ることが得意ではありません。でも体育（の授業）で級友たちと踊ることは楽しかったです。私はメグミのように踊りたいです。

3.　子どもだったとき，私はしばしば折り紙をつくりました。母は私にツルと花のつくり方を教えてくれました。私は，折り紙は日本文化のすばらしい一部だと思います。

4.　私はドローンを持ちたいです。それはおもしろそうです。私は，ドローンはいろいろな方法で使えると思います。

5.　私はふつう自由な時間にピアノを弾きます。私は5年間ピアノを習っています。ピアノを弾くことは楽しいことです。

6.　留学することは私たちにとってよいことです。私は英語を勉強するためにオーストラリアかカナダに行きたいです。私はそこで友達をたくさんつくりたいです。

Activities Plus 4

➡教科書 p.128

Questions & Answers 質問に2文以上で答えよう。

■教科書の英文と日本語訳を比べてみよう。

	質問　Questions	応答例　Sample Answers
1	あなたは冬のスポーツに興味がありますか。	はい, あります。私は小さい子どもだったときから(ずっと)スキーを楽しんでいます。
2	あなたは今までに有名人を見かけたことがありますか。	はい, あります。私は2年前に有名な野球選手を見かけました。
3	もし科学者だったらあなたは何をつくりたいですか。	私はタイムマシンをつくりたいです。私は江戸時代に行きたいです。
4	私たちの学校はいつ設立されましたか。	それは約100年前に設立されました。私たちの学校は東京で最も古い学校の1つです。
5	オリンピック・パラリンピックに参加したあなたのお気に入りの運動選手はだれですか。	私は村上茉愛が好きです。私は彼女の演技に感動しました。
6	あなたはどれくらいよく新聞を読みますか。	私はテレビ欄だけ読みます。でも私はしばしばテレビでニュースを見ます。
7	もしドラえもんがあなたの友達だったら, あなたはどんな道具を使いますか。	私は「どこでもドア」を使うでしょう。私はそれを使ってどこにでも行くことができるでしょう。
8	あなたはデザートに何を食べたいですか。	私はアイスクリームを食べたいです。私は緑茶のアイスクリームが大好きです。
9	あなたは高梨沙羅についてどんなことを知っていますか。	彼女は多くの人が賞賛するスキージャンプ選手です。彼女はいくつかの記録を破りました。
10	あなたが高校を選ぶとき, 最優先事項は何ですか。	私はすぐれた英語教育をしてくれる学校を選びたいです。それが大切です。
11	あなたには兄弟か姉妹がいますか。	私には姉妹が一人いますが, 兄弟はいません。もし兄弟がいたら, 私は彼とキャッチボールをするのですが。
12	もし100万円持っていたら, あなたは何をしますか。	私はそのお金をためるでしょう。私が将来困ったときにそれを使うでしょう。
13	あなたは大谷翔平についてどんなことを知っていますか。	彼は最もすぐれた野球選手の一人です。彼はホームランをたくさん打ってきました。
14	あなたはどんな種類の音楽がいちばん好きですか。	私はクラシック音楽がいちばん好きです。私はクラシック音楽のコンサートに2回行ったことがあります。
15	あなたはオリンピック・パラリンピックでどの種目がいちばん好きですか。	私は車いすバスケットボールがいちばん好きです。その試合はわくわくします。

Topics for Speaking　即興のチャットやスピーチをしてみよう。➡教科書 p.129

■教科書の英文と日本語訳を比べてみよう。

	話題　Topics	チャットで使う質問例　Sample Questions
1	冬のスポーツ	あなたは冬のスポーツに興味がありますか。 あなたはどの冬のスポーツがいちばん好きですか。
2	お気に入りのデザート	あなたはデザートに何を食べたいですか。 あなたのお気に入りのデザートは何ですか。
3	兄弟／姉妹	あなたには兄弟か姉妹がいますか。 あなたには兄弟と姉妹が何人いますか。
4	100万円	もし100万円持っていたら，あなたは何をしたいですか。 もし100万円持っていたら，あなたはそのお金をどのように使いますか。
5	音楽	あなたはどんな種類の音楽がいちばん好きですか。 あなたは楽器を何か演奏できますか。
6	オリンピック・パラリンピック	あなたはオリンピック・パラリンピックでどの種目がいちばん好きですか。

即興スピーチにチャレンジ！　Impromptu Speech

■教科書の英文と日本語訳を比べてみよう。

例
1. 私は冬のスポーツは何もしませんが，アイスホッケーの試合を見るのが好きです。それは本当にわくわくします。もし機会があったら，私は試合を生で見たいです。
2. 私はデザートにくだものを食べるのが好きです。私たちはそれぞれの季節に異なるくだものを食べることができます。私はブドウがいちばん好きです。
3. 私は一人っ子です。私は姉がほしいです。もし姉がいたら，私は彼女と買いものに行きたいです。
4. もし100万円持っていたら，私は世界中を旅行したいです。私は多くの国を訪れたいです。異なる文化について学ぶことは，きっとわくわくするに違いありません。
5. 私はギターを弾くのが好きです。私は2年間(ずっと)ギターを練習しています。父は私にギターの弾き方を教えてくれました。
6. 私はボッチャが好きです。ボッチャの試合を初めて見たとき，私はそれに興味を持つようになりました。それはわくわくしました。

Activities Plus 5

Questions & Answers　質問に２文以上で答えよう。　➡教科書 p.130

■教科書の英文と日本語訳を比べてみよう。

	質問　Questions	応答例　Sample Answers
1	あなたはすべてのレストランがドギーバッグのシステムを導入すべきだと思いますか。	はい，思います。私たちは食品ロスの量を減らすべきです。
2	あなたはすべての中学生が学校のクラブに参加すべきだと思いますか。	いいえ，思いません。ほかのことで忙しい生徒もいます。
3	人々はなぜ働かなければならないのですか。	彼らはお金を稼ぐために働かなければなりません。彼らはそれなしに何もすることができません。
4	あなたは最近，いつ幸せに感じましたか。	私は，私たちがバレーボールの試合に勝ったとき幸せに感じました。私たちはそれのために一生懸命に練習しました。
5	あなたはドラえもんはのび太にとってためになっていると思いますか。	はい，思います。ドラえもんはのび太が困っているときいつも彼を助けます。
6	あなたは，私たちはボランティア活動をたくさんすべきだと思いますか。	はい，思います。私たちはそれを通して大切なことをたくさん学ぶことができます。
7	あなたは今までに盲導犬を見たことがありますか。	はい，あります。私はレストランでそれを見ました。
8	あなたはオリンピック・パラリンピックでどの種目がいちばん好きですか。	私はトライアスロンがいちばん好きです。私は運動選手のパフォーマンスに感動しました。
9	あなたは小学生はもっと英語を勉強すべきだと思いますか。	いいえ，思いません。彼らは日本語をもっと勉強すべきです。
10	あなたは日本人は働きすぎだと思いますか。	はい，思います。母はしばしば遅く帰宅します。
11	あなたは日本における男女平等についてどう思いますか。	家では母は父よりも多く働きます。私はそれは公平だと思いません。
12	もしタイムマシンを持っていたら，あなたは何をしたいですか。	私は恐竜を見たいです。私は恐竜のビデオを撮りたいです。
13	あなたは，私たちは学生服を着るべきだと思いますか。	はい，思います。学生服はまとまりとアイデンティティの感覚をつくります。
14	あなたは春休みの計画が何かありますか。	いいえ，ありません。でも私は家でくつろぎたいです。
15	私たちの学校のあなたのいちばんの思い出は何ですか。	それは私たちの最後の運動会です。私は毎日チアリーディングを練習しました。

Topics for Speaking　即興のチャットやスピーチをしてみよう。➡教科書 p.131

■教科書の英文と日本語訳を比べてみよう。

	話題　Topics	チャットで使う質問例　Sample Questions
1	ドギーバッグ	あなたはすべてのレストランがドギーバッグのシステムを導入すべきだと思いますか。
2	働くこと	人々はなぜ働かなければならないのですか。 あなたは日本人は働きすぎだと思いますか。
3	ドラえもん	あなたはドラえもんはのび太にとって，ためになっていると思いますか。 もしドラえもんがあなたの友達だったら，あなたはどんな道具を使いたいですか。
4	学生服	あなたは私たちは学生服を着るべきだと思いますか。 あなたは私たちの学生服が好きですか。
5	春休み	あなたは春休みの計画が何かありますか。 あなたは春休みの間に何をしたいですか。
6	私たちの学校のいちばんの思い出	私たちの学校のあなたのいちばんの思い出は何ですか。 あなたはどの学校行事がいちばん好きでしたか。

即興スピーチにチャレンジ！　Impromptu Speech

■教科書の英文と日本語訳を比べてみよう。

例
1. 私はすべてのレストランがドギーバッグのシステムを導入すべきだとは思いません。日本はとても暑いので，食べものがすぐに腐ります。私はまた，お客は食べものを注文しすぎるべきではないと思います。

2. 働くことは生きるために必要です。しかし，労働はお金のためだけでなく人生の幸福のためでもあります。仕事と私生活のバランスはとても大切です。

3. 私はドラえもんはのび太にやさしすぎると思います。彼はときどき彼を甘やかします。もし私がドラえもんだったら，彼の問題は彼自身で解決するように彼に言うでしょう。

4. 私は，私たちは学生服を着るべきだとは思いません。学生服は高価すぎます。さらに，それは着るのに快適ではありません。

5. 私は春休みの間に何をするか決めていません。今，私は入学試験のためにとても一生懸命に勉強しているので，くつろぎたいです。私は私が録画したビデオを見たいです。

6. 私はバレーボールのチームに入っていて，私たちの最後の試合が私のいちばんの思い出の1つです。私たちはその試合のためにとても一生懸命に練習しましたが，私たちは負けました。私たちは全力を尽くしたので，後悔はまったくありません。

形容詞・副詞比較変化表

●規則変化

原級	比較級	最上級
bitter	bitterer	bitterest
cold	colder	coldest
cool	cooler	coolest
dear	dearer	dearest
deep	deeper	deepest
fast	faster	fastest
few	fewer	fewest
fresh	fresher	freshest
full	fuller	fullest
grand	grander	grandest
great	greater	greatest
green	greener	greenest
hard	harder	hardest
high	higher	highest
kind	kinder	kindest
long	longer	longest
new	newer	newest
old	older	oldest
quiet	quieter	quietest
rich	richer	richest
short	shorter	shortest
sick	sicker	sickest
slow	slower	slowest
small	smaller	smallest
smart	smarter	smartest
sour	sourer	sourest
soon	sooner	soonest
strong	stronger	strongest
sweet	sweeter	sweetest
tall	taller	tallest
tough	tougher	toughest
weak	weaker	weakest
warm	warmer	warmest
wild	wilder	wildest
young	younger	youngest

●子音を重ねるもの

原級	比較級	最上級
big	bigger	biggest
hot	hotter	hottest
sad	sadder	saddest
wet	wetter	wettest

●語尾が e で終わるもの

原級	比較級	最上級
brave	braver	bravest
cute	cuter	cutest
fine	finer	finest
huge	huger	hugest
large	larger	largest
late	later	latest
nice	nicer	nicest
safe	safer	safest
sure	surer	surest

●語尾が y で終わるもの

原級	比較級	最上級
busy	busier	busiest
cloudy	cloudier	cloudiest
dirty	dirtier	dirtiest
early	earlier	earliest
easy	easier	easiest
funny	funnier	funniest
happy	happier	happiest
heavy	heavier	heaviest
hungry	hungrier	hungriest
lonely	lonelier	loneliest
lucky	luckier	luckiest
ready	readier	readiest
salty	saltier	saltiest
scary	scarier	scariest
sleepy	sleepier	sleepiest
snowy	snowier	snowiest
sunny	sunnier	sunniest
thirsty	thirstier	thirstiest

● more / most をつけるもの

原級	比較級	最上級
afraid	more afraid	most afraid
beautiful	more beautiful	most beautiful
colorful	more colorful	most colorful
common	more common	most common
delicious	more delicious	most delicious
different	more different	most different
difficult	more difficult	most difficult
elementary	more elementary	most elementary
exciting	more exciting	most exciting
famous	more famous	most famous
fantastic	more fantastic	most fantastic
fascinating	more fascinating	most fascinating
helpful	more helpful	most helpful
interesting	more interesting	most interesting
natural	more natural	most natural
negative	more negative	most negative
often	more often	most often
popular	more popular	most popular
positive	more positive	most positive
right	more right	most right
serious	more serious	most serious
severe	more severe	most severe
similar	more similar	most similar
tired	more tired	most tired
wisely	more wisely	most wisely

●不規則変化型

原級	比較級	最上級
bad	worse	worst
far	farther	farthest
good / well	better	best
little	less	least
many / much	more	most

不規則動詞変化表

● A－A－A型

原形	現在形	過去形	過去分詞形	現在分詞形
cut	cut	cut	cut	cutting
let	let	let	let / letten	letting
read	read	read	read	reading
set	set	set	set	setting

● A－B－A型

原形	現在形	過去形	過去分詞形	現在分詞形
become	become	became	become	becoming
come	come	came	come	coming
run	run	ran	run	running
overcome	overcome	overcame	overcome	overcoming

● A－B－B型

原形	現在形	過去形	過去分詞形	現在分詞形
bring	bring	brought	brought	bringing
build	build	built	built	building
burn	burn	burned / burnt	burned / burnt	burning
buy	buy	bought	bought	buying
catch	catch	caught	caught	catching
feel	feel	felt	felt	feeling
fight	fight	fought	fought	fighting
find	find	found	found	finding
have	have	had	had	having
hear	hear	heard	heard	hearing
hang	hang	hung / hanged	hung / hanged	hanging
hold	hold	held	held	holding
keep	keep	kept	kept	keeping
lead	lead	led	led	leading
lose	lose	lost	lost	losing
make	make	made	made	making
mean	mean	meant	meant	meaning
meet	meet	met	met	meeting
say	say	said	said	saying
send	send	sent	sent	sending
shoot	shoot	shot	shot / shotten	shooting
sit	sit	sat	sat	sitting
sleep	sleep	slept	slept	sleeping
spell	spell	spelled / spelt	spelled / spelt	spelling
tell	tell	told	told	telling
think	think	thought	thought	thinking
teach	teach	taught	taught	teaching
understand	understand	understood	understood	understanding
win	win	won	won	winning

● A−B−C型

原形	現在形	過去形	過去分詞形	現在分詞形
be	am / is / are	was / were	been	being
begin	begin	began	begun	beginning
bite	bite	bit	bitten	biting
break	break	broke	broken	breaking
choose	choose	chose	chosen	choosing
do	do	did	done	doing
draw	draw	drew	drawn	drawing
eat	eat	ate	eaten	eating
fall	fall	fell	fallen	falling
fly	fly	flew	flown	flying
forget	forget	forgot	forgotten	forgeting
get	get	got	gotten / got	getting
give	give	gave	given	giving
grow	grow	grew	grown	growing
know	know	knew	known	knowing
rise	rise	rose	risen	rising
see	see	saw	seen	seeing
sing	sing	sang	sung	singing
speak	speak	spoke	spoken	speaking
swim	swim	swam	swum	swimming
take	take	took	taken	taking
wake	wake	woke	woken	waking
write	write	wrote	written	writing
wear	wear	wore	worn	wearing

B